新零售时代丛书

新零售

零售行业的新变革与新机遇

王先庆◎著

NEW
RETAIL

中国经济出版社
CHINA ECONOMIC PUBLISHING HOUSE
·北 京·

图书在版编目（CIP）数据

新零售：零售行业的新变革与新机遇／王先庆著．
北京：中国经济出版社，2017.7
ISBN 978－7－5136－4734－2
Ⅰ.①新… Ⅱ.①王… Ⅲ.①零售商业—商业模式—研究 Ⅳ.①F713.32
中国版本图书馆 CIP 数据核字（2017）第 128911 号

责任编辑 牛慧珍
责任印制 马小宾
封面设计 任燕飞

出版发行 中国经济出版社
印 刷 者 北京柏力行彩印有限公司
经 销 者 各地新华书店
开　　本 710mm×1000mm 1/16
印　　张 16.25
字　　数 218 千字
版　　次 2017 年 7 月第 1 版
印　　次 2019 年 7 月第 7 次
定　　价 48.00 元
广告经营许可证 京西工商广字第 8179 号

中国经济出版社 **网址** www.economyph.com **社址** 北京市西城区百万庄北街 3 号 **邮编** 100037
本版图书如存在印装质量问题，请与本社发行中心联系调换（联系电话：010－68330607）

前言

零售业，作为一个历经变革的古老行业，如今正悄然发生变化。

一方面，大批的传统零售商面临势不可当的“关店潮”而焦虑不已。例如，中国从2015年开始线下零售的“关店潮”就已经兴起；而美国零售行业巨头梅西百货与西尔斯百货等均计划在2017年关闭100家甚至是更多的门店。

另一方面，很多零售商也迎来了重大的机遇，获得了迅速发展。例如，互联网到来之后，中国的网络零售市场呈现出爆发式的增长态势，年增长率甚至一度达到60%左右，这使得中国在2013年超过美国成为全球最大的网络零售市场。

当然，网络零售也并非没有“天花板”，经过商业零售的大调整之后，如今，网络零售的增速也已经放缓，零售行业迫切需要新的变革。

2016年10月13日，在杭州云栖大会上，阿里巴巴董事局主席马云在演讲中第一次提出了“新零售”的概念，并将新零售与新制造、新金融、新技术、新资源一起作为阿里巴巴集团的五新战略。新零售的提出，使得零售业界人士激动异常。那么，新零售的内涵究竟是什么？新零售时代是否已经来临了呢？

马云认为，未来电子商务平台即将消失，线上线下和物流结合在一起，才会产生新零售。所以，新零售是一种线上线下加现代物流的新商业模式。实际上，这几年，我一直在跟踪研究零售业发展的新趋势。研究表明，新零售是我国零售业随着工业化、市场化、城市化、信息化进程的变化而不断发展的一种结果，这四个进程，就是观察零售业发育成长的四个不同的维度。在它们演进的不同发展阶段，零售业的渠道系统和业态结构是不同的。

如果说，过去30多年我国出现的大量以零售物业出租经营为基本内容的传统百货、超市、大卖场等实体零售商业网点及商业服务，就是马云眼中的“旧零售”的话，那么，这些“旧零售”是与工业化初中期以及当时的市场化、城市化和信息化水平相适应的。只不过，随着我国工业化进入中后期以及市场体系的不断完善、城市化水平的提高，尤其是基于互联网信息化程度的提高，传统零售业生存发生的环境发生了巨大变化，从而才能孕育出“新零售”。

因此，“新零售”需要从多维度去观察和分析。除了互联网角度（也就是信息化维度），还有三重视角：

一是工业化视角，即随着工业化进程的深化，尤其是智能制造和制造业服务化的发展，日用工业品在消费需求结构中的比重急剧下降，从而导致零售内容即“卖什么”的问题发生了根本性变化。“实物商品销售”几乎是传统零售中的全部内容，但在新零售中，出售的则可能是与生活相关的大量服务、体验、情景、情感、文化、健康等非实物内容。

二是市场化视角，即市场交易方式和模式的变化，在新零售体系下，零售商该如何卖？旧零售体系下，可能卖的是一件衣服，而在新零售下，则可能卖的是一种定制式服务甚至是流程、方式或创意。

三是城市化视角，旧零售所在的百货店、大卖场或大型综合超市，一般设在城市的商业中心，但新零售的销售场所，则更贴近生活场所或社区，包括各种交通服务区、旅游区、文化中心或休闲中心等，从而突破了传统的商业零售场所范围。

所以，新零售应该是指基于对消费者未来生活方式变革的一种反应和适应，从传统的卖东西，到新型的卖生活，包括它的内容、体验与感知。新零售时代，本质上是一场新的全球性流通革命的前奏。对社会各界，尤其是零售业界而言，应该热烈拥抱这场新的零售革命。

这也就意味着，新零售从选址布局、业态组合，到商业模式、经营方式都要随之调整和变革。进一步说，新零售，就是只有贴近消费者生活，才能获得巨大的空间和生命力。因此，新零售将带来五大变革：

其一，渠道业态生活化。从经营内容上，生活类的新兴业态将随着消费者生活水平的提升和变化而不断涌现。同时传统的零售业态将进一步转型，转向生活化场景，贴近生活形态。优秀的新型零售实体商业，不仅创造生活方式，而且引导生活。

其二，零售场所生活化。商业渠道重心下沉，向消费者生活的地方靠近。原来的老商业中心逐步变化为高端生活化的场所，包括商务、旅游、文化、艺术、交际等。

其三，服务方式生活化。传统的零售服务方式，是基于自身商业利益而设计的各种经营方式，无论是传统百货，还是传统超市，虽然客观上是为了消费者生活，但主观上更多是以自我为中心。未来的商业服务，更强调生活场景和体验式。

其四，价值来源生活化。企业从消费者未来生活的服务和满足中，获取更多的价值。进一步说，原来的价值，主要是来自于商业场所这一硬件本身，包括建筑物的商业设计及风格、商业布局及组合、物业管理及服务等。尽管近几年，各商业场所中，生活内容所占的比例越来越大，但总体而言，真正转化为生活方式和生活内容提供者的实体商业仍然不多。

其五，商业模式生活化。实体商业的开办者到经营者，重新学习如何自主经营、自有品牌和自建渠道，传统的商业盈利模式老化。自己经营、自有品牌、自主渠道将是基本的趋势，不然，将无法适应新的零售时代，也更无法抢占消费者心智，获得消费者追随。

面对新零售的巨大吸引力，传统的实体零售商们也迎来了新一轮的战略机遇和重大挑战。一个国家和城市的商业繁荣，必须依靠实体零售企业。因为，实体零售业对于商贸流通业相对落后以及市场体系不够完善的区域来说，具有基础支撑作用。

另外，实体零售业最大的优势，还是在于它符合“新零售”的基本要素，即“卖生活”，这些生活的感知、体验以及交流，必须通过实体零售场所的场景、场地、情景去体验或交流、参与而获得。无论是旧零售，还是新零售，零售的本质，都还是得回到实体店才能充分体现。正因为如此，实体零售业新一轮发展的春天正在来临。

新零售，是一个刚刚开始的新课题，也是一个激动人心的新世界。它赋予了线上与线下的零售商们更广阔的想象空间，也为他们提出了更高的战略愿景。中国新的零售行业格局即将构建，谁能够在新零售时代找到自己的模式和道路，谁就能创建出新的辉煌。

王先庆

2017年4月16日于广州

目　录

第 1 章

新零售革命："互联网+"时代的零售新思维

1.1 新零售：中国零售业的进化路径与未来格局

◎ 重新定义零售：开启新零售时代

2016 年 10 月 13 日，马云在阿里云栖大会上表示："纯电商时代很快会结束，未来十年、二十年，没有电子商务这一说，只有新零售这一说。"此外，马云还提出了未来经济与社会发展的五大新趋势，分别是新零售、新制造、新金融、新技术和新能源，并指出这五大新趋势将影响中国乃至世界未来的发展。

其中"新零售"一词引起了社会各界的广泛关注。那么到底什么是新零售呢？马云对其做出的解释是：只有将线上、线下和物流结合在一起才能产生真正的新零售。当然，社会各界对新零售都有自己的解释，下面我们来进行具体分析。

◆ 商界大佬眼中的"新零售"

在杭州云栖大会马云提出"新零售"之前，这个词就已经出现了，只是没有引起过多的关注而已。马云的提出让这个词迅速流行开来。关于新零售的定义，各业内人士都有自己的理解，这为我们理解新零售提供了非常全面、立体的参考。

1）马云对新零售的理解

在互联网时代，电子商务对传统零售业造成了较大冲击。传统零售业要转型发展，线上与线下的联系会愈加密切，再加上现代物流的影响，服务商借助云计算、大数据等新兴技术，将创新零售的概念，产生新零售。届时，纯电商与纯零售都将消失，新零售会引领商业模式得以创新发展。

2）张勇对新零售的理解

目前我国的社会零售商品总量大约有 30 万亿元，新零售就是借助互联网思维和技术使这数额庞大的零售商品得以改革升级，满足消费者不断更新、变化的需求，并借助互联网、大数据等技术使商品生产、流通及服务全过程的效率得以有效提升，使我国的零售业得以彻底地升级发展。

3）雷军对新零售的理解

小米 CEO 雷军对新零售的解释非常通俗易懂，归结起来只有两个字——“效率”。他说：“无论是电商，还是线下实体店，最根本的是要改善效率。只有效率提升了，我国的产品才能越做越好，消费者需求才能在最大程度上得以释放。”雷军针对“新零售”提出了相关建议：“新零售的本质就是实现线上、线下相融合，用互联网、电商模式和技术帮助实体零售店改善用户体验，提升销售效率，推动更多质优价廉物品进入新农村。”

4）朱伟对新零售的理解

乐语通讯的总裁朱伟用三个词对新零售进行了概括，分别是：更智能、更新奇、更好玩。他认为，现阶段，消费者的消费需求已经从物质消费上升到了精神消费，物质商品对消费者的吸引力在逐渐下降，但是玩乐这种精神需求对消费者的吸引力却在逐渐提升。

5）曾庆俐对新零售的理解

作为海尔集团电商的市场总监，曾庆俐对新零售的理解可以归结为：在新零售环境下要促使企业和用户融为一体，创造极致的用户体验。从用户的角度来说，借助大规模、定制化的解决方案，能将用户与企业融为一体；从企业的角度来说，要想创建互联工厂新模式，就要彻底颠覆现有的家电行业制造体系。

6）黄渊普对新零售的理解

在亿欧公司创始人黄渊普眼中，零售只是一种方式，新零售就是一种借助先进技术，实现线上、线下融合，收集消费者需求，根据需求进行生产，最终达到零库存销售的一种方式。

总之，在过去被人们视为"死敌"的电商和实体店，在新零售环境下的关系被进行了重新定义。线上与线下的融合，使得电商和实体店从原来的独立、竞争关系走向了融合、共进。

◆ 零售专家眼中的"新零售"①

1）黄海：商务部原党组成员、部长助理

上海百联集团同浙江阿里巴巴集团进行战略合作，标志着中国最大的实体商业企业同最大的网络零售平台强强联合，有可能会对促进我国商业的改革、创新、发展起到重要作用。有些人说这是马云新零售概念的体现。

实际上，早在马云提出新零售的一年前，2015 年 9 月国务院办公厅就已发布了关于推进在线线下互动的 72 号文件。商业发展史证明，商业理念、模式、技术不断推陈出新，但向消费者提供商品和服务的商业本质是不会改变的。任何商业创新都离不开现实的商品流通。希望在百联同阿里的合作中，不要偏离这一基础。

2）高铁生：中国市场学会理事长

古今中外商业一直是变动不居的。一旦商业停滞，整个经济也就失去了活力。商业也是中国改革发展的最先发力和始终活跃的领域。"船到桥头自然直"，所以不必担心实体商业会衰亡。它会找到发展瓶颈后

① 中国流通三十人论坛秘书处. 从阿里与百联"联姻"看"新零售"[J]. 中国流通经济，2017（3）：124-128.

的突破口。而电商靠技术起家和攻城略地，但技术终究要落地。所以，阿里巴巴与百联联姻是合乎商业逻辑的，方向是正确的，至于成功与否则是另一回事。这个事实再次表明中国商业变革实践走在了世界前列。

而新零售也已是世界范围内的博弈。亚马逊的商业创新也引起了全球的关注。但是，我们又看到实践走在了理论前面。不过这次中外流通理论面临同样的试题，希望我们有捷足先登的鞭辟入里的解读。阿里巴巴与百联合作的背后肯定隐藏着历久弥新的商业密码。

3）徐印州：广东财经大学流通经济研究所教授

阿里巴巴与百联连手，不啻是2017年在中国流通领域炸响的一声春雷，其深层意义可从多方面解读，徐印州认为最重要的表现在以下三个方面：

其一，意味着中国电商正式进入冷静发展期。电商竞争各方逐渐趋于冷静，零售领域的混战出现了比较清晰的轨迹。流通业尤其是零售业的发展方向，绝对不是“虚拟”取代“实体”这样的结局，更不是O2O这么简单。

其二，意味着“新零售”时代的开始。阿里巴巴与百联联手，就是做出个“新零售”的样板来。马云之所以选择当年曾经抛弃过他的上海，选择百联，是因为他深知，上海是个实实在在的国际商都，百联是家实实在在的龙头商业企业。马云的这一手，比起他的“菜鸟计划”要实在得多。有了这个实实在在的样板，才可以明明白白地说：新零售时代已经开始。

其三，意味着流通创新要走务实之路。这一次，阿里巴巴集团与百联集团达成战略合作，是基于大数据和互联网技术，包括全业态融合创新、新零售技术研发、高效供应链整合、会员系统互通、支付金融互联、物流体系协同6个领域实实在在的全方位合作。从此，流通领域包括零售批发都要走上务实创新的道路，那些巧舌如簧瞎“忽悠”的人还是把脚放到实体世界里来吧。

4）郑勇军：浙江工商大学现代商贸研究中心主任、教授

阿里巴巴与百联集团分别是在线、线下的最大零售企业联合，很有可能是我国零售业发展进入新时代的一个重要预兆，预示着我国零售业发展有可能会出现一些新的趋势：

一是在线线下融合发展进程加快，O2O 模式将日趋活跃；

二是零售业并购趋于活跃，零售业发展的大企业主导时代即将到来；

三是零售模式、业态、组织和技术创新将进一步加快，很有可能会引发新一轮的零售革命；

四是零售业新世界与旧世界的界限将会更加分明，传统企业退出零售业的速度有可能会加快；

五是在线线下的不同模式零售企业之间、在线零售企业之间、线下零售企业之间联合求生存和发展将成为主旋律，联盟发展战略将会成为大多数零售企业的必然选择。

这些变化，将会对我国零售业乃至整个流通业产生重大影响，流通界学者需要肩负起历史使命感，通过对三大问题的重点研究，并在理论研究的基础上，对国家政策制定提出建议。

一是在线零售企业向线下发展预示着网络零售业发展遇到了"天花板"，必须向线下发展才能延续其业务的快速增长？还是网络零售业对线下实体零售业的竞争优势依然强大，通过兼并活动进一步吞噬线下实体零售业的地盘？

二是在线线下零售企业结盟发展将会带来哪些新模式、新业态、新组织涌现，并影响我国零售业发展格局？

三是零售业市场竞争加剧并带来市场集中度的快速提升和市场势力变化，将会给市场效率和社会公平带来什么样的影响？

◆ 新零售方法论：新零售 = 商品 × 人^2

从国内零售行业的发展现状来看，迫于互联网的强烈冲击及新消费

时代转型升级的内在需求，许多实体零售商纷纷发力线上及线下业务，但却没有带来预期的效果，线下门店陷入关闭热潮，线上平台业绩惨淡。究竟为何会出现这种情况？在行业竞争不断加剧的背景下，零售企业究竟该如何破局？

新零售产业是以用户需求为核心，经营的战略重点是人。原阿里总裁卫哲表示，互联网时代的经济公式是：经济 = 商品 × 人^2，人是释放商业价值的核心所在，如果一家企业只注重经营商品，而忽略人的经营，则企业最终必将被时代抛弃。

套用卫哲的理论，新零售方法论的公式就是：新零售 = 商品 × 人^2。通过文字对这一公式进行解读就是：

1）新零售是通过商品来对人进行经营；

2）商品是建立企业与人之间关系的纽带；

3）新零售运营模式的核心是人的经营。

图 1－1　新零售运营模式

经营人不但包括组织成员与用户，还包括上下游产业链中的合作伙伴。通过商品实现对人的运营是新零售运营模式的精髓，也是企业创造价值的关键所在。下面列举三个案例来进行具体分析。

★ 吴晓波频道。它是网红电商的典型代表，通过输出优质内容或商品来与人建立信任关系，在注重经营用户的同时，跨界销售以酒、茶、油及服装为代表的商品完成价值变现。

★"茵曼 + 千城万店"模式。它是 O2O 电商的典型代表，借助优质服装产品与人建立联系，重视人的运营，茵曼计划通过"零加盟费、零库存、零软装"支持粉丝创业，撬动上百亿线下市场，线下门店将会销售女装、童装、家居用品等诸多品类的产品。

★ 小米。从小米的发展模式中，零售从业者可以提炼出宝贵的借鉴经验。虽然手机市场早已是一片红海，但小米通过手机与人建立联系，通过性价比较高的大众化手机产品赢得了数千万小米粉丝的认可，并建立起了强大的品牌影响力。最终小米通过包括电视、插座、耳机、充电器、移动电源、平板电脑在内的一系列产品获取了丰厚的回报。

从上述三个案例中，我们可以发现新零售运营模式的三个关键点：能够吸引用户的产品或服务、运营粉丝社群、扩大产品品类或提供增值服务。而要实现对粉丝社群的运营及扩大产品品类及增值服务，离不开电子商务及互联网的强力支撑。线下与线下深度融合的 O2O 将是新零售模式走向成熟的一大重要标志。

在新零售环境下，零售商要转变经营模式，以消费者为中心，以精准化模式满足消费者需求，带给消费者极致的体验，来推动消费升级。从零售商的角度来说，在这种模式下，也可以借助大数据、云计算等技术对消费数据进行分析、预测，控制生产，以实现零售升级。

◎ 新零售的本质：新零售的三重视角

马云在 2016 年杭州云栖大会上提到的"新零售"体现了他的创新思维和广阔的眼界，之后，"新零售"便成为业内人士的热点话题。从互联网的角度来分析，新零售是将线上线下的运营以及现代物流体系结合起来。创建新零售，企业还要建立自己的网站，拥有完善的数据系统，能够在网上开展运营，并拓展能够触达消费者的各类渠道。这是着眼于工具与形式层面，对新零售进行了浅层次的分析，但并没有道出其本质内涵。事实上，新零售的本质远不止于此。

对国内零售业的总体发展走向进行分析可知，在国内城市化、工业化、市场化、信息化的发展及驱动作用下，零售业处于逐步成长的状态，新零售正是由此演变发展而来的。因此，可以从城市化、工业化、市场化、信息化的视角对国内零售业的发展进行梳理。在这些驱动因素的各个发展时期，零售业的业态组成方式及其渠道体系表现出差异化的特点。

在工业化的早期发展阶段，国内的市场化、信息化及城市化都有待建设，与之相对应，实体零售业的发展多体现为传统百货、大卖场、超市等零售业态，其经营主要是围绕物业开发及管理来维持的，也就是业内人士所说的“传统零售”或者“旧零售”。后来，随着国内工业化的发展不断深入，市场体系的建设也日趋完善，现代化城市开始崛起，加上依托互联网的信息化建设在更大范围内展开，传统零售的时代背景出现了更迭，“新零售”便由此诞生并发展起来。

所以，我们不仅可以从信息化维度（即互联网角度）来分析新零售，还可以从工业化、市场化及城市化维度对新零售进行梳理。

1）工业化维度。具体是指，在工业化进一步的发展过程中，智能技术在该领域得到应用，服务业务也占据着越来越重要的地位，与此同时，在总体消费需求中，日用工业品所占的比例明显减少。在传统零售模式下，企业主要向消费者提供有形的商品，面对市场的变化，新零售的具体内容将产生彻底变革，企业将更多地输出与市场需求相符的场景、服务、文化、体验、生活方式等。

2）市场化维度。具体是指新零售的市场交易方式与经营模式将不同于传统零售。以服装零售行业为例，传统零售出售成衣，新零售则向消费者提供定制服务，或者为第三方企业提供设计、流程方面的解决方案。

3）城市化维度。在传统零售模式下，城市的商业中心聚集了大批百货商店、大型超市及大卖场等主流业态，相比之下，新零售的经营地点，将分散在社区和消费者的生活场所中，如旅游区、交通服务区、文化娱乐场所等等，不再受商业中心的束缚。

所以，"新零售"的经营内容是对传统零售的彻底颠覆，其转变与消费升级时代下人们的生活方式相符，传统零售是出售实体商品，新零售则是向市场输出消费体验和生活方式，亚马逊推出的"自付自提"经营模式，以及一些零售企业提供的定制体验服务，都是新零售的典型实践代表。这说明，新零售的转变不仅体现在商品属性上，还体现在具体的经营内容上，而新零售的本质就在于此。

◎ 新零售进化论：未来零售新常态

新零售模式的提出，使得我国零售业未来的发展局面逐渐清晰。要分析新零售的发展前景，就需要对我国零售业的发展进行大致的梳理。

◆ 新零售之前

回顾过去，我国的零售业发展经历了漫长的过程，从传统零售业到互联网电商，这中间分分合合，大致可以分为以下几个阶段：

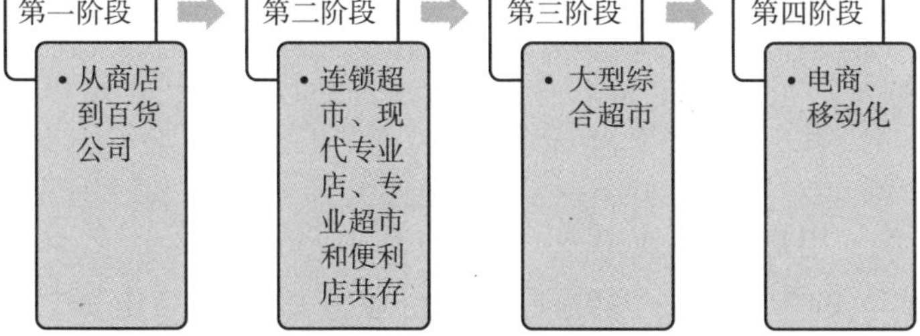

图 1－2　传统零售业到互联网电商经历的发展阶段

1）从商店到百货公司

20 世纪 90 年代之前，我国零售业最初的形式是商店，基本上都是专业店。之后，应形势所需，专业店进行了重组，形成了百货公司。

2）连锁超市、现代专业店、专业超市和便利店共存

20 世纪 90 年代之后，在零售市场上，连锁超市占据了主流地位，同时也不乏现代专业店、专业超市和便利店等业态存在。在这个阶段，较之于国外的连锁超市，我国的超市规模较小。有数据显示，2000 年，我国最大的华联超市的销售额仅为同时期沃尔玛的 1/80。同时，各连锁超市之间的竞争越发激烈，使得市场不得不进入整合期。

2000 年前后，大型综合超市、折扣店出现，以家乐福为代表的国外零售企业进入国内市场，我国零售业市场拉开了新的战局。

3）大型综合超市

2000 年之后，国内市场上大型超市的数量猛增，集零售和服务于一身的购物中心也开始出现并发展，并朝着集娱乐、餐饮、服务、购物、休闲于一体的综合性购物中心发展，使国内市场上的零售业呈现出繁花似锦的局面。但在这繁花似锦的背后一个巨大的威胁正在逐渐逼近，互联网以及电子商务的发展对我国传统的零售业造成了严重的冲击，很多实体店纷纷关门、部分百货商店倒闭。

4）电商、移动化

2013 年前后，受移动互联网的影响，不仅零售业受到了波及，消费者的消费习惯和消费观念也受到了影响。在这个时期，线上零售业异常火爆，线下店商异常萧条。并且，电商的重心也开始从 PC 端朝移动端转移。

2015 年，电商进入了稳定发展阶段。此时，受“互联网 +”和“O2O 模式”的影响，很多线下零售企业开始探寻与电商的融合发展之路。

2016 年以来，我国的零售业局面出现了很大的波动，线下大型超

市相继关闭，尤以大润发的关店令人惊心；线上纯电商的流量红利正在逐渐消失。整体来看，我国零售业的增长速度逐渐减慢，利润也开始逐渐下降。

◆ 新零售之后

新零售之后就是新商业时代。目前，我国零售业整体面临着巨大的发展压力，为了实现突破性发展，整合线上、线下渠道似乎是唯一的出路。这种渠道整合在 2016 年初就出现了，例如，小米开始布局线下零售；当当网和亚马逊开始布局线下实体书店；等等。在线上电商向线下实体店发展的同时，线下实体店也开始着手朝线上发展，如永辉超市与京东合作布局 O2O 电商；上海宜家家居开始布局电商渠道等。

整体来看，自从新零售出现之后，我国零售业线上和线下的界限被彻底打破。在这种状态下，影响零售商发展的因素不再是模式与渠道，而是消费者。谁能满足消费者的需求，为消费者提供更高效、更极致的体验，谁就能领先。

从目前我国的零售环境及零售业的发展态势来看，需要关注以下四大趋势：

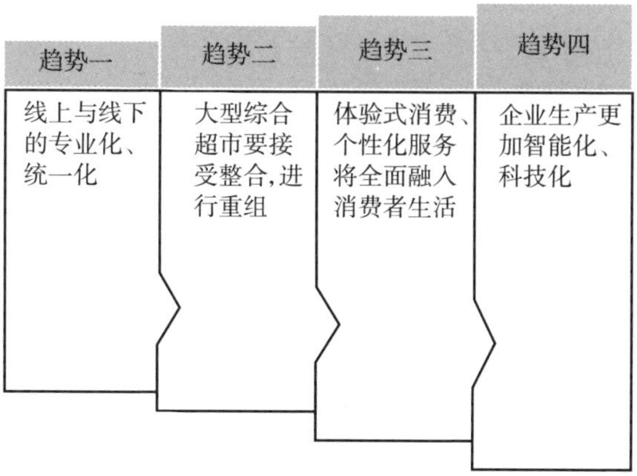

图 1－3　新零售时代的四大发展趋势

1）线上与线下的专业化、统一化

消费者从实体店转向电商的原因有两点，一是体验差，二是价格高。但是，随着线上与线下的融合，实体店的这两个缺陷将会彻底消失，产品价格、体验和质量将得到统一，消费者将能得到更加专业的服务、更加优质的产品。

2）大型综合超市要接受整合，进行重组

21 世纪初，大型综合超市刚刚兴起的时候，众多小超市倒闭。如今，在新商业时代，大型综合超市也要面临社区型小型零售体的挑战，不得不进行整合重组。在社区消费趋势的影响下，未来的零售业必将朝着社区化方向发展。目前，沃尔玛已经着手在人口密集处建设邻里社区型门店。未来，这种精细化运营的小型门店将遍布我国各个社区。

3）体验式消费、个性化服务将全面融入消费者生活

现如今，消费者的需求愈加个性化、多元化，为了适应这种趋势，体验式消费、个性化服务大受消费者欢迎，消费者的购买潜力将被有效激发，零售企业将借此得以快速发展。

4）企业生产更加智能化、科技化

随着互联网、大数据、云计算等新技术在零售业的应用，从生产到消费，零售商都能进行有效监控，从而控制生产，实现零库存经营，为零售业减负，推动其快速前行。

互联网、移动互联网的发展使我国传统零售业受到了很大的冲击，随着电商流量红利的消失，我国零售业要想持续发展，就必须进行升级。目前，从全球零售业发展的整体态势来看，我国零售业的发展形势良好。随着新零售概念的出现，我国零售业或将进一步得以升级发展，成为亚太地区最大的零售业市场。

◆ 新零售的三大特征

1）围绕消费者需求开展运营

新零售在应用数字化技术的基础上，精准把握用户需求，根据消费

者需求开展自身运营，并在发展过程中不断升级消费者体验，通过场景打造实现消费者与商品的连接。

2）改革零售价值链

在新零售时代下，企业可以利用数字化技术对所有零售参与者、消费群体及商品的信息资源进行提取。企业通过精准的数据分析，能够不断降低在与第三方合作过程中以及自身运营过程中的流通损耗，对传统零售的价值链进行彻底改革。

3）推动零售业的全面繁荣

零售业通过数字技术的应用，能够与文化产业、旅游产业、餐饮业等实现融合发展，并由此催生出新兴零售业态，促进零售业的全面繁荣。

◎ 模式运营：新零售三大实现路径

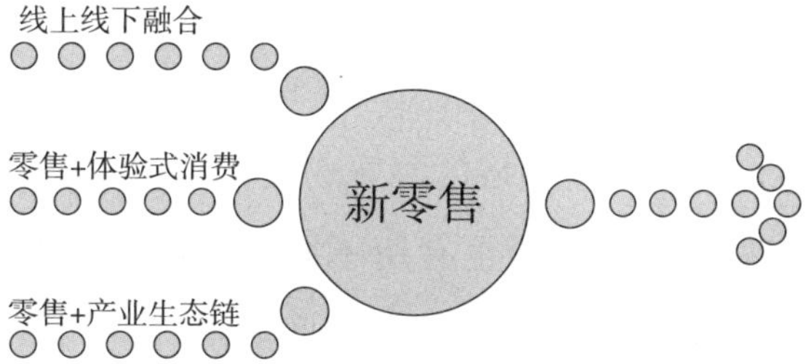

图1-4 新零售三大实现路径

◆ 路径一：线上线下融合（O2O）

进入移动互联网时代，零售渠道发生了重大变革，移动化和社区化成为常态。线下渠道的社区化，使得商家与消费者之间的距离被无限拉近；线上渠道的移动化，则使得线上与线下深度融合的O2O具备了落地基础。

线上与线下深度融合的O2O，不仅是打破当前实体零售产业发展困境的关键，更是电商产业取得进一步突破的核心所在，但要想实现深度融合绝不是一件简单的事情。融合需要借助以智能手机为代表的移动终端和 APP 来实现。蓬勃发展的移动通信技术有力地推动了企业运营模式的转型升级，而各种各样的 APP 应用产品则为品牌商打造出闭环生态提供了无限可能。

融合是新零售时代企业需要掌握的一大重要经营思路。以服装品牌商 O2O 为例，我们可以从对人、商品及消费场景进行价值重构的思路，来实现线上与线下的深度融合。

为了更为精准地收集用户数据，企业必须将会员账号打通，并借助强大的数据搜集、分析、应用能力来获取消费需求。要想实现线上导购与线下导购的融合，企业就需要开发相应的应用产品、激励手段及组织员工参与技能培训等。

要想实现线下与线下商品的同步运营，如同款同价、库存打通、终端随意调货等，品牌商就需要对实体店的加盟体系进行变革，实现数据化运营，建立公平公正的利润分享机制等。

从实践来看，不同零售领域的消费场景存在着一定的差异，所以其线上与线下融合时采用的手段也有所不同。我们不妨参考阿里的 O2O 项目：百货商场领域是“阿里 + 银泰”商业模式；社区超市领域是淘宝到家；购物中心领域则是喵街。

◆ 路径二：零售 + 体验式消费

“零售 + 体验式消费”模式近两年得到了诸多零售企业的一致认可，其在未来具有广阔的应用前景。从购物中心的角度来看，近年来多个城市的购物中心数量大幅度增加，许多百货商场也在积极升级为大型购物中心。之所以会出现这种现象，主要是因为人们的消费需求进一步升级，人们更加注重消费体验，在购物的同时还希望获得餐饮、娱乐等基础配套服务。

在百货商场领域，百货商场向购物中心演化已经成为一种不可阻挡的发展趋势。目前百货商场总营收中，零售贡献的营收超过了80%，而购物中心这一数字则在40%~70%。

在超市领域，阿里的盒马鲜生是为数不多的"零售+体验式消费"模式中的典型代表，它采用的是通过APP和线下门店提供生鲜食品和餐饮服务的一体化商业模式，门店更像是一个体验店。店内配置了餐厅，消费者可以在门店选购生鲜产品，并交由餐厅厨师烹饪后就餐。5公里内的线上用户下单后，半个小时内即可送达。需要注意的是，无论是线上用户，还是线下用户，都必须使用支付宝付款。

在便利店领域，7-11、全家等便利店品牌目前已经升级为"快消品+餐饮（主要是以便当、饭团、三明治为代表的鲜食）"模式。据统计数据显示，鲜食为7-11门店贡献的日均交易额约占其日均总交易额的40%。

在实体零售领域，许多实体零售企业虽然积极尝试"零售+体验式消费"模式，但却鲜有实体零售企业能够取得成功，我们不禁要思考：为何选对了方向，却不能完成转型升级呢？

分析那些失败的案例，不难发现这些企业存在着一个共性——忽略了对人的经营。具体来看，这些企业没有将消费者实现数据化，难以发掘用户的需求；也没有创造出有效的激励体系，来留住人才并激发员工的活力和创造力。

传统零售模式的逻辑是企业实现商品的规模化生产来满足大众化需求，而如今的新零售商业模式则是以用户需求为核心创造体验式来实现差异化竞争，这是两种完全不同的经营模式。

◆ 路径三：零售+产业生态链

新零售运营模式不仅需要运营消费者和组织成员，还需要运营上下游产业链中的合作伙伴。而"零售+产业生态链"模式就是强调企业对上下游的合伙伙伴给予足够的关注。此外，要想让“零售＋产业生态链”模式真正落地，企业还需要打造出开放型的综合平台。阿里的“零售＋产业生态链”模式尤其值得零售从业者充分借鉴。

淘宝、天猫电商平台致力于为广大下游入驻商家创造价值，其之所以能够长期保持旺盛的生命力，就是因为它们让下游商家能够获得可观的收益。淘宝平台会为那些拥有优质商品的商家引入较高的用户流量，提供基于用户数据分析的定制化营销服务解决方案及完善的支付、交易及店铺管理系统等，入驻商家能够从中获取足够的收益，从而推动淘宝不断发展壮大。

淘宝也尝试和上游的生产商携手合作，通过为生产商和制造商提供用户需求数据，来帮助它们快速高效地生产出更加符合消费需求的优质产品。物流服务商作为电商产业的重要参与者，阿里通过成立菜鸟网络来为它们搭建完善的物流配送网络，并开发出电子面单来提升物流服务商的发货效率，基于大数据技术和物流服务商在多个细分领域合作，推出多元化的物流服务等。

从本质上看，购物中心、连锁商超及便利店等也是一种综合型的零售平台，它们也需要为上下游产业链中的合作伙伴提供优质服务，如果不能像阿里一样运用平台思维，联合更多的合作伙伴共同做大“市场蛋糕”，这些已经存续多年的实体零售巨头就很可能会被后来者颠覆。

◎ 迈向新零售：实体零售业的变革

我们可以从内容和形式两个角度上，来研究实体零售迈向新零售运营阶段后发生的变化。形式发生的变化相对容易被我们了解，这种变化主要体现在三个方面：O2O、体验式消费及提供增值服务。而内涵的变化则相对比较复杂，这种变化同样体现在三个方面：

◆ 企业管理者经营思维的转变

管理者经营思维的转变能够引发企业战略方向和运营模式发生变

革。传统零售企业以产品的规模化生产为核心，而新零售企业则是以用户需求为核心，更加注重用户服务体验。

出现这种变化时，往往会涉及企业是追求短期经济效益，还是实现长期的稳定发展，要让一家传统企业管理者在企业没有生存压力的背景下，放弃已经沿用多年并能够创造可观收益的传统运营模式，而接受新的运营模式需要很大的决心与魄力。

◆ 组织架构与高管的转变

新零售运营模式战略目标的制定相对比较简单，但要真正实现这一目标则需要耗费大量的资源。要让战略目标得以实现，选择合适的人无疑十分关键，为此企业要进行组织架构的调整，在关键的岗位上安排合适的人。

当然，组织成员的年龄结构对新零售运营模式的真正落地也存在一定的影响。相对年轻的人更容易接受新鲜事物，决策时更加果断。近年来，阿里巴巴的组织架构进行了重大调整，在马云的积极引导下，阿里巴巴内部的“70 后”高管开始上位，同时也在积极培养一批年富力强的“80 后”高管，这种做法为阿里能够成功转型新零售运营模式打下了坚实的基础。

◆ 绩效评估机制的转变

事实上，很多零售企业的管理者也认识到了向新零售运营模式转型的迫切性。但零售企业内部员工对于转型却没有深刻的认识，他们关注的是眼前的薪资待遇，是每个月能够拿到手的工资，至于企业未来的发展如何，大部分的员工并不关心。从实践来看，实体零售企业通常不会使用股权激励的方式和员工分享企业发展所带来的收益。而在新零售运营模式的转型中，企业管理者可以尝试实施股权激励，从而提升员工的转型积极性。

员工所关心的短期利益和企业采用的绩效评估机制存在着较大的关

联。由于新零售运营模式将用户需求作为企业的核心，注重用户服务体验，一些非业绩指标就会被纳入绩效评估考核过程中，如用户评论、企业口碑等。

以阿里为例，阿里巴巴所采用的绩效考核机制是对业绩与价值观两个方面进行考核，而且这两个方面所占的比重几乎相同。通常业绩代表了短期利益，价值观则代表了长期利益。

而传统零售企业在进行绩效评估时，业绩所占的比重过多，一般零售企业的业绩指标在绩效考核中占比超过了 80%，有的企业这一比例甚至达到了 100%。这种明显注重短期利益的绩效考核机制几乎不可能让零售企业成功转型。

阿里巴巴集团高级研究员梁春晓在一篇名为《信息时代的商业变革、视野和想象》的文章中指出："如果仅从今天的角度看明天，仅基于今天的资源、流程、组织和理念去考虑明天，那很容易被今天的东西束缚住，结果往往只是在今天的基础上做些微小改进。如果你能跳出束缚，以更大的想象打破既有范式，以对后天的想象重构明天，情况就会大不一样。"

在变革与颠覆成为常态的背景下，零售企业需要打破传统运营模式，积极拥抱变化，向以用户需求为核心、注重服务体验的新零售运营模式转型发展，才能打破限制自身发展的诸多行业痛点，助力中国零售产业腾飞。

旧零售与新零售：差异及根源

场景、体验、数据在新零售发展过程中占据着十分重要的地位。新零售的出现带来了颠覆性的改变，随之而来的，是大众生活方式的变化，除此之外，企业在产品设计与开发、生产、物流、营销等各个环节也都不同于以往。

◆ 旧零售的主要困境

旧零售即业内人士所说的“传统零售”，依托旧的零售体系逐渐成长至今，但在时代背景迅速更迭的今天，旧零售因存在如下几个方面的问题，而难以获得持续性发展。

1）商业模式跟不上发展需求

这是旧零售的主要问题，主要体现在，有95%的大型实体零售企业，实际上是围绕房地产开发或者商业物业服务来展开运营的，其商品采购与经营工作都是由第三方来实现的，企业在零售经营方面的投入十分有限，在这方面，购物中心、超市、百货等零售业态表现得尤为突出。如今，这种发展模式已经难以为继。但是，在零售运营方面缺乏清晰思路的企业仍然不在少数，这些企业在短期内无法完成自身的转型与升级。

2）线上线下无法打通

由于自身商业模式存在不足，电商的迅速崛起，使旧零售面临着巨大挑战，但企业除物业之外，还缺乏真正的线下零售渠道，对它们而言，要打通线上与线下渠道，根本无从下手，由于企业无法定位不同渠道之间的衔接位置，因此也就不能将线上与线下的运营结合起来。

3）成本收益难以匹配

近几年，房价持续攀升，人力资源成本也在逐渐增加，另一方面，商业服务的收益却呈走低趋势，这使得大型实体零售企业以及小规模零售企业都面临成本与收入不匹配的问题。从某种角度来分析，这说明零售企业的发展日趋艰难，租金的上涨不断压缩着企业的利润空间，这使得在繁华地段的实体零售企业面临着日益严峻的生存压力。

4）交通、人口、收入等因素的影响

如今，交通条件越来越便利，人们的收入水平也日渐提高，随之而来的，是商业中心的拓展范围越来越大，基层地区的商业经济也迅速崛起，导致传统的城市商圈、主流业态聚集消费者的难度大大增加。为了扭转当前的局面，零售企业需要转变传统商业发展模式，开设社区便利店、生活超市等，但其规划尚未铺展开来，导致企业发展难以摆脱当前的困境。

◆ 旧零售与新零售的主要差异

旧零售与新零售之间的区别可以通过以下四点反映出来。

1）渠道上的区别：单纯实体零售渠道，转变为线上线下相结合

大多数旧零售的运营，都是在线下零售渠道开展的，旧零售的具体业态形式以购物中心、超市、百货为代表，其经营绝大多数都要依托店铺，通过打电话、发传单进行推销而促成的销售并不多；不同的是，在新零售时代下，实体零售会借助互联网平台在线上渠道拓展自身运营，并将线上与线下渠道打通。

2）价值上的区别：出售有形商品，转变为体验、服务、场景的提供

在传统零售模式下，经营者依托实体店向消费者提供实体商品，通过差价来获得收益；不同的是，新零售颠覆了原有的价值体系，在经营过程中添加了形式多样的体验与个性化场景服务，并通过这种方式提高自身价值，通过场景搭建与服务提供促使用户做出消费决策。

3）动力上的区别：依靠经验转变为参考大数据与云计算得出的精准数据分析

在传统零售模式下，经营者只能凭借自身积累的经验来推测消费者需求，进行商品组织，推出销售活动，并规划销售渠道，难以准确把握消费者需求。不同的是，新零售的经营，可以借助大数据与云计算技术，对消费者数据进行统计与分析，从中挖掘消费者的精准需求，为零售企业经营者提供科学有效的数据参考，据此制定战略规划，采用适当的营销措施。

4）模式上的区别：以物业服务为主，转变为独立打造品牌，开展经营、布局渠道

在传统零售模式下，很多企业以物业开发及管理为中心开展运营，其利润获取主要来源于租金收取和服务提供，真正聚集于零售经营的企业并不多。如今，市场竞争环境和零售行业的渠道组成都已经不同于以往，身处其中的零售企业只有采用自营模式，独立进行品牌打造、开展业务经营，在发展过程中进行渠道拓展与完善，才能提高自身的竞争实力与发展的持续性。

◆ 新零售下实体商业的发展前景

要科学推测零售企业今后的发展趋势，就要对国内商品流通及相关服务产业的总体态势，以及零售企业发展过程中的规律性因素进行把握。从宏观的角度来分析，国内的商品流通及相关服务产业的发展仍呈上升趋势。虽然旧零售的发展面临许多问题，但国内零售产业仍然蕴藏着尚未被挖掘出来的潜力。所以，零售行业的参与者，要通过企业转型与升级，建立系统化的零售业态体系，将各个渠道的运营结合起来，提高企业经营的现代化水平，不断缩小与国际先进企业之间的差距，推动国内零售改革深度开展。

实体零售企业的发展，能够有力推动其所在地区，乃至整个国家的商业经济的进步。如今，国内部分地区的商业流通及相关服务产业的发展并不成熟，城市经济及其他部分也处在建设阶段，需要依托当地实体零售企业获得进一步的发展。反之，如果某个地区缺少实体零售企业，即使能够借助新兴的互联网商业，在一定程度上缓解供求不匹配的问题，但要获得持久性的发展，也必须依托实体零售企业拓展线下渠道的运营，从而实现与网络渠道之间的融合发展。

另外，实体零售业在布局新零售的过程中，能够充分发挥自身的优势。实体零售能够在线下门店中搭建生活场景，通过让用户参与其中而为其提供切实的体验与服务，以便于经营者在与用户沟通过程中对其需

求进行把握，而线上零售则很难做到这一点。如今，人们对消费体验的重视逐渐超过了价格因素。包括传统零售及新零售在内的所有零售业态，都要通过实体店经营来实现零售本质的深度挖掘。归根结底，线上渠道仅能发挥渠道的作用，面对激烈的市场竞争，电商经营必须与线下运营相连接，为今后的长期发展提供支撑力量。

基于上述分析，实体零售企业将迎来发展的上升时期，对此，零售企业需要敏锐感知市场变化，在转型“新零售”的过程中进行商业模式的探索与实践，重塑品牌，通过自身发展带动整个实体零售行业的进步。当实体零售企业在与文化、旅游及其他商业领域跨界合作的过程中打开新的局面时，就能拓宽我国实体零售的发展道路。据此可推测，到2017年至2027年，国内将掀起零售行业发展的新高潮。

1.2 创新升级：新零售时代的运营管理变革法则

◎ 法则一：创新商品，注重消费体验

近几年来，全渠道、O2O、会员店等零售新形态层出不穷，成为新时期的行业热词。当人们谈及新零售时，总是自然而然地想到新形态的零售店，如生鲜传奇、百盛优客、中百全球商品直销中心、银泰工厂店等等。

不过，真正意义上的"新零售"，不能仅限于新的零售形态，更需要顺应经济新常态，对传统零售形式进行现代化改造，如以"消费新形势、市场新变化"为依据，对超市、购物中心、百货商店等加以优化、提升。新的零售业态是值得鼓励的创新，而促使传统零售向个性化、网络化、体验化转型，满足新时代消费者的多元化需求，更值得业界深入思考与探索。

零售业是出售生活用品或相关服务的行业，一切产品都是源于生活、服务于民众的，而民众的生活是不断改变的，若零售业不能顺应时代发展进行创新，那便是缘木求鱼，难以做到可持续发展。

为此，零售业决不能守株待兔，应根据时代的不断发展相机行事、推陈出新。那么，新零售到底"新"在哪里呢？下面我们就对"新零售"的概念进行全面阐述。

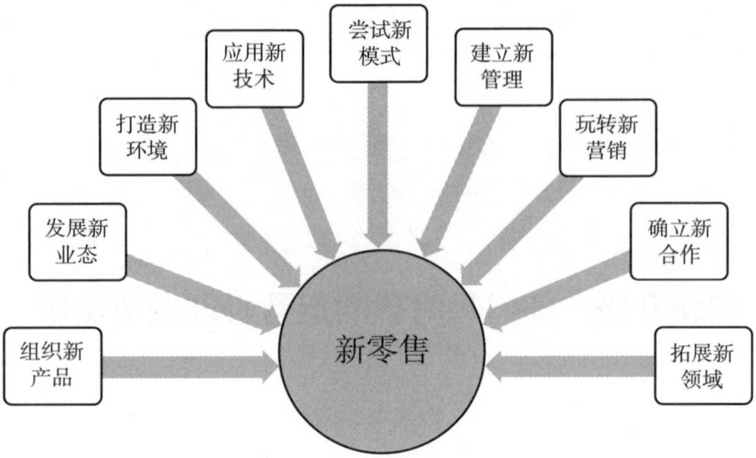

图 1－5　新零售的内涵

◆ 组织新产品

近年来，各大购物中心、大型商场都高举“去零售化”的旗帜，极力追求体验式消费。不过，无论如何去零售化，零售业都不可能与商品隔离，简单来讲，零售业的主要内容一直都是商品，而行业的竞争力也从没有远离商品力。

实际上，受到时代发展的影响，热销的商品一直处于动态变化之中，没有任何商品可以永占热销宝座。根据近几年民众的消费趋向，我们不难发现从一开始的奢侈品受宠，到后来的轻奢侈品领跑，随后“平价、潮流、上新快”的快时尚成为时代新宠，再到智能化、时尚化的运动品大卖，这充分说明了零售业是一个需要不断革新的行业。

即便是生活必需品，商品也需不断地变化与革新。以食品为例，曾经，碳酸饮料、膨化食品、反季节蔬菜等一度热销，时隔几年，这些产品便不再讨喜，而酸奶、果汁等健康食品则越来越受欢迎。如今，人们最追捧的食品则是纯天然、无污染的绿色食品。

此外，人们的消费观念也一度发生变化。在过去，性价比是消费者最看重的，那些卖得火热的商品多是物美价廉的高性价比产品。而如今，消费者越来越看重消费体验、重视个性化服务，那些能够带给消费者独特体验的新奇商品成为新宠，如科技智能产品（像机器人或无人机）、手工艺品、文化产品等。

受"去零售化"思潮的影响，新时期下的零售企业不怎么提售卖商品，而更多的是将服务、体验等放到首位。然而，商品是零售业的支撑，若没有商品谈何优质的服务与体验，又如何为消费者引领新的生活方式，只有不断对商品创新，这一切才有可能实现。

由此可见，组织新商品才是新零售的首要任务，也是最根本的体现。对此，既要根据主流消费者的需求变化创新商品，打造接地气的民众商品；同时还要顺应新时代的消费趋势，赋予商品引领力。

◎ 法则二：创新零售业态与门店环境

◆ 发展新业态

互联网与电商的飞速发展，潜移默化地影响着人们的消费方式，给实体零售业造成严重的冲击。为化解电商冲击，并扩销增收，实体零售业不断探索新的业态，各大购物中心、超市、百货店纷纷向体验业态发力。

最近几年，零售形态开始发生变化，购物中心发展势头正劲，甚至有取代百货店之势，而在餐饮、运动、娱乐等业态上，购物中心更是远远超过了百货店。事实证明，体验业态拥有无可替代的魅力，确实是脱围解困的有效途径。不过，业态的引进有利也有弊，必须跟随时代发展的步伐持续创新。那么，业态创新有哪几种途径呢？

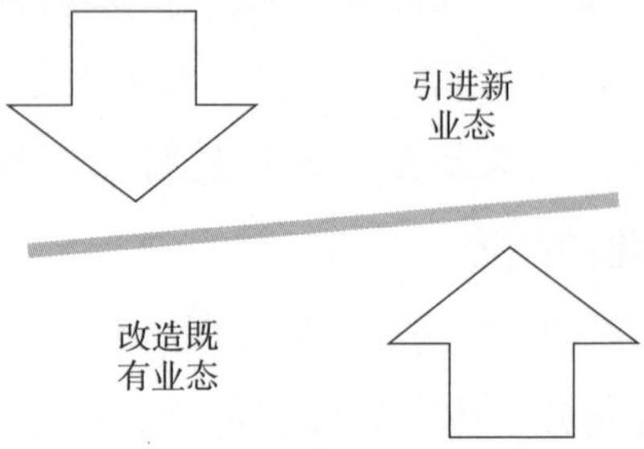

图1－6　业态创新的两种途径

1）引进新业态

随着国民物质生活水平的不断提升，随机性购物趋势越来越明显，而促成购物行为发生的往往是良好的服务与优质的体验，这致使商业的体验目的愈加强烈，布局更多的体验业态已是大势所趋。对此，百货店、购物中心、大型超市纷纷布局体验业态，在原有的餐饮、影院等体验业态的基础上，不断引进宠物乐园、儿童医院、月子中心等新型的体验业态。

2）改造既有业态

近几年来，伴随商业市场的日趋完善，实体店的同质化现象越来越严重，若不能及时走差异化路线，将陷入“价格战”中无法自拔。对此，实体店必须调整自己的发展路径，做到人有我新、人新我优，深耕细分领域，突出专业化、特色化、个性化。

例如，将餐饮市场细分为甜点、零食、小吃等多个业态，将儿童游乐细分为学龄前儿童、小学生、青少年等多个垂直领域。唯有对既有业态不断改造，才有助于提升核心竞争力，确保实体店在激流勇进中屹立不倒。

◆ 打造新环境

对零售业的实体店而言，购物环境的打造至关重要。一般来说，装修精良的实体店，大都是门庭若市，而不改良环境的实体店，却是门可罗雀。可见，没有新颖舒适的环境与氛围，也就难以称之为"新零售"。

打造新环境，可分"三步走"：

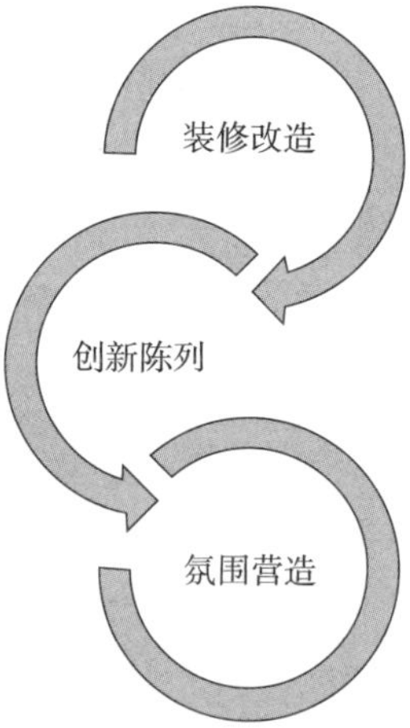

图 1－7　打造新环境的三个步骤

1）装修改造。顾客对实体店的最初印象不是产品，而是门店的装修与环境，若没有一个新颖、独特的门面，是很难吸引顾客的注意的。对此，实体店不能墨守成规，长期保持着一副老面孔，而应顺应时代的潮流，适时对门店进行装修改造。

2）创新陈列。店内陈列会直接影响顾客的停留时间，零售实体店应对此加以重视，在店面装修后升级零售道具，如更新货架、柜台等。此外，还要结合店面的经营情况，定期对商品展示、品类搭配进行调整，让商品陈列具有层次感。

3）氛围营造。渲染某种氛围是打造新环境的最后一步，也是最难以实现的一步。实体店氛围的营造是一项长期、烦琐的功课，因为不能放过任何细枝末节，所以需要想尽办法带给顾客别样的"五觉"体验，如借助装饰品、灯光等对商品加以衬托，借助音乐提升门店的气质等等。

新环境的打造并非说起来那般简单，创新是需要投入的，一旦投入过大必然会加重企业的负担，适得其反；而不创新环境或者创新跟不上时代的脚步，则难以吸引顾客。对此，一定要量力而行，合理把握环境创新的“度”。

实际上，环境创新并非投入越大越好。不然，巨额的投入不仅没有提升销量，反而会徒增企业的负担。相反，独创一格的创新，虽投入不大却可能效果突出，为门店增流创收。

◎ 法则三：新技术、新模式、新管理

◆ 应用新技术

技术创新是企业的生命力，即便是劳动密集型产业，若没有技术的支撑，亦难以获得发展。随着时代的不断进步，新技术层出不穷，零售业应高度重视新技术的应用，这也是新零售的一大体现。值得零售业重视的新技术主要包含以下两个层面：

1）提升消费体验的技术

在这一层面上值得零售业应用的技术有很多，如 AR[①]/VR[②] 体验、电子价签、移动支付、智能停车等等，拥有这些新技术后，企业的服务将更加便捷，消费体验也将优化升级。

2）提高管理效率的技术

新形势下，零售业竞争日趋激励，若想提升企业的核心竞争力，就必须进行技术升级，让新技术为精细化管理服务，逐步提升经营管理效

---

① AR，增强现实技术（Augmented Reality），是一种实时地计算摄影机影像的位置及角度并加上相应图像、视频、3D 模型的技术，这种技术的目标是在屏幕上把虚拟世界套在现实世界并进行互动。

② VR，虚拟现实技术（Virtual Reality），是一种可以创建和体验虚拟世界的计算机仿真系统，它利用计算机生成一种模拟环境，是一种多源信息融合的、交互式的三维动态视景和实体行为的系统仿真，使用户沉浸到该环境中。

率。基于这一层面，企业可应用的新技术有大数据分析、移动办公等。

进入互联网时代后，越来越多的传统零售企业开始认识到技术的重要性，不断尝试新技术以促进产业升级，如苏宁、国美等，在新技术的支撑下，它们也取得了不错的成绩。由此可见，零售业的生存和发展，与新技术有着千丝万缕的联系，只有不断引进新技术与工艺，加强新材料与新设备的应用，零售企业取胜的比例才会更大。

◆ 尝试新模式

过去几年内，商业地产深受零售企业的青睐，各大百货企业、超市纷纷投身商业地产开发，商业面积不断扩大，最终导致零售业出现严重的"产能过剩"现象，令不少企业陷入困境。随着互联网时代的到来，这种"跑马圈地"式的发展致使零售企业的发展空间越来越狭小，尤其是大型的超市与百货企业，更是面临着生存危机。

实际上，零售业出现危机的主因，更多的则在于以联营为主导的经营模式。首先我们要承认，在过去的几年内，联营确实是一种先进的经营模式，但是在长期的运营中，这种模式发生了变异，很多企业过分强调保底、收费，却忽视了商品、顾客与市场。

随着零售市场风起云涌，这些不懂商品、不了解顾客需求的零售企业因无法做到应变自如，最终必然无法逃脱灭亡的命运。与之相反，那些采取自营模式的零售企业，如永辉超市等，在市场变动之时则更为从容。可见，为了更好地顺应市场变化，零售业需积极创新模式。

首先，优化联营模式。在当下，联营模式仍占主导地位，但"异化"的联营模式断不可取，零售企业必须认清商业本质，勇于承担经营责任与风险，主动贴近市场，了解顾客需求，做到供需平衡。

其次，积极探索其他新模式。现如今，零售市场千变万化，墨守成规无异于自取灭亡，对此各大零售企业应该积极探索新的经营模式，发掘其中值得借鉴与学习之处。例如，上海百盛优客采取的差异化直销、安徽乐城超市的自采自营、武汉中百的跨境直销等。

◆ 建立新管理

管理的粗放与低效，也是零售业不堪一击的重要原因。过去几年内，多数零售企业过分追求大规模生产，忽视了产品质量、生产效率、管理服务。随着零售市场的日渐惨淡，企业危机也如期而至，盈利直线下跌。

尽管零售市场不景气，但是国内的市场需求还是巨大的，为何零售行业会出现全局性的下滑呢？对此，零售企业需要反思，这真的是受经济下行的影响吗？实际上，多数零售企业面临生存危机，正充分说明了企业管理短板的存在。不得不说，若零售企业做好精细管理，合理有效地控制成本，那么在生死存亡的关头也不会如此无所适从。

何为精细管理呢？具体而言，就是让成本更低一些、员工效率更快一些、商品损失更少一些、企业运营更高效一些。做到成本更低，可不是片面地缩减开支，降低员工薪水，或者忽视产品质量。对于无法缩减的支出或费用，企业应以高效转换，如激励员工高效工作、提升产品生产效率、提升产品体验等。

其实，建立精细化管理并非易事，需要企业下定决心，从体制建设、机构设置、流程体系等诸多方面入手，不懈努力、持之以恒，一点一滴地实现。

◎ 法则四：新营销、新合作、新领域

◆ 玩转新营销

目前，在零售业存在着一个不争的事实，那便是营销越来越难做了。确实如此，企业若想成功实现营销，仅充分做到“优质低价”是不够的，还要会创新。调查发现，沿用传统营销套路的企业很难拉拢顾客，而那些不断创造新花样的企业，却将生意做得风生水起。

可见，创新营销是极具杀伤力的。那要怎么创新才能吸引顾客呢？这就需要对症下药。首先，我们要找到消费者的兴趣点，从这个基点出

发"讲故事、玩情怀"，想尽办法与消费者达成共鸣，如此才能吸引顾客的注意力。

零售企业营销中，低价是最实际的，大打"价格牌"是十分必要的。如何才能将价格的诱惑最大限度地发挥出来，让消费者无法抗拒呢？对此，零售企业应加强活动设计，对产品包装宣传，通过软渗透将低价优势推广开来。

俗话说"好钢要用在刀刃上"，好的营销手段无异于"好钢"，但切忌过多使用，否则便会失去新鲜感，淘宝的"双 11"每年仅有一次便是实例。

◆ 确立新合作

新合作也是新零售的重要体现。在过去，零售商处于强势地位，大肆向供应商收取"保底""通道费"等，导致供应商利益难以获得保障。2006 年 7 月，工商局、发改委、税务局等五部联合颁布《零售商供应商公平交易管理办法》，试图调整零售商与供应商之间的不平等合作。

伴随着市场的不断完善，供应商有了更多的选择渠道，对单个零售商的依赖性骤然降低，开始向零售商索取"反保底""装补费"等费用，进而导致零售商陷入"招商难"的局面。对此，也有不少企业试图调整，但因难以筹集到足够的品牌资源，最终发展仍是停滞不前。

不难看出，在当前的市场环境下，零售商与供应商的关系正在发生明显的改变。基于此，零售商应认清市场变化的形势，建立新型合作关系。

零售业应顺应市场变化，与供应商建立平等的合作关系，充分尊重合作伙伴的利益，"保底""通道费"等应相应减少，切勿把以上收费作为盈利的主要渠道。同时，要优化联营模式，摒弃一切坐收渔利的联营合作，而要建立彼此帮扶、互帮互助的合作模式。此外，零售商还要扩大市场范围寻求合作，积极引进新的合作伙伴，为零供关系注入新的活力。

◆ 拓展新领域

现如今，线下零售已是一片红海，实体零售店发展举步维艰。一方面，人工成本与房租费用不断上涨，促使实体店的运营成本不断增加；另一方面，受零售电商崛起的影响，分流日趋严重，显著降低了实体店的盈利空间。

面临严峻的生存压力，零售企业不得不另找出路，缩减零售业务，积极开拓新领域，以期能够化解经营风险。例如，万达涉足互联网金融、文化旅游；沃尔玛开始试水商业地产；经营服装的雅戈尔近几年也开始向投资理财、房地产开发等业务发力。此外，还有很多的零售企业也弱化自身的零售业务，加大在运动、医疗、养老、旅游等产业的投资。

即便努力尝试后不一定会获取成功，但将鸡蛋放到不同的篮子中，肯定要好过孤注一掷。在严峻的生存危机下，积极尝试向不同领域延伸，可为零售业务的转型储备资金，这种姿态也是新零售的一大体现。

由此可见，新零售并不是腾空出世的，而是以传统零售为基础，取其精华、去其糟粕，并顺应时代的发展创新而来的，它能够满足消费者的实际需求，极具有前瞻性。

1.3 从“双 11”看新零售：开启全新的消费体验

◎ 全面融合：虚拟与实体的无缝对接

在 2016 年 10 月中旬举办的云栖大会上，因阿里巴巴集团董事局主席马云的推动，使得“新零售”这一概念实力走红。而随之而来的“双 11”购物狂欢节，线上与线下的融合之势更为明显。

2016 年的“双 11”已经步入了第 8 个年头，这一届的“双 11”购物狂欢节，线下实体零售业强势加入，还引进了直播、VR 等新技术，实现了“全球购”。在新技术、新理念、新零售的共同作用下，这一届的“双 11”购物狂欢节无比精彩。

◆ 优衣库：线上与线下结合提升购物体验

在“双 11”期间，优衣库以强化购物体验为活动特色，其具体做法是：用户在优衣库天猫官方旗舰店下单后，可根据自己的位置选择提货门店，接着会在 24 小时之内收到备货通知，然后便可以自行到线下实体门店提货。

参与这项活动的优衣库门店多达 400 多家，遍布全国 100 多个城市。借助庞大的线下门店网络，优衣库成功地优化了消费者的购物体验，为消费者的购买行为和收货行为提供了更多选择。

◆ 银泰：全方位保障消费者利益

2016 年 11 月 11 日—16 日，银泰商场的商品与天猫商城的商品实行

“同款同价”策略，并为消费者提供了多项“任性”服务，例如：

1）任性退。在活动期间，消费者在银泰商场购买的任何商品都能在30天之内无理由退货，之前这个退货期限仅为15天，足足延长了1倍。

2）任性赔。在活动期间，如果消费者在银泰商场购买的商品价格高于同款商品在天猫旗舰店的价格，商场无理由赔付差价。

3）任性邮。在活动期间，消费者的消费额度达到一定的限度就能享受包邮服务——付款之后，顾客就能选择顺丰快递寄出商品。

4）任性送。在活动期间，为了解决顾客的出行难题，银泰商场还会为顾客补贴打车费用，不仅如此，这一服务还会延伸到全年各个重要的消费节点。

◆ 飞凡[①]：“抱团”创新活动形式

在“双11”期间，飞凡与6000多家实体零售商（包括百货商场、大型超市、购物中心）、50000多个品牌合作，推出了“飞凡11天全民狂逛节”活动。在活动期间，飞凡邀请了1111位网红为品牌做直播，并准备了20亿元的红包。

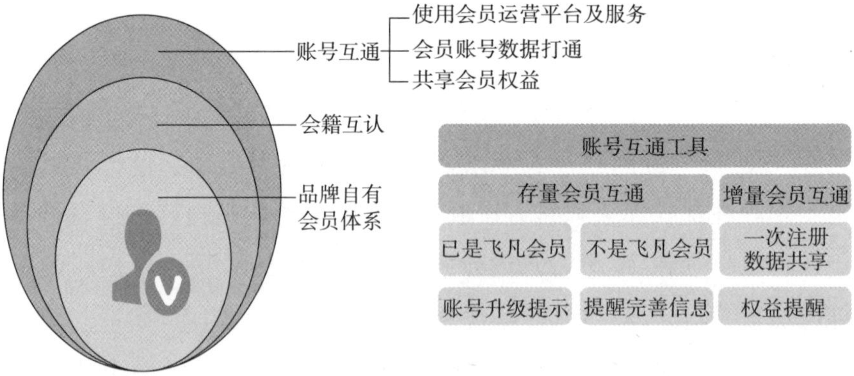

图1-8 飞凡的会员合作模式

① 飞凡，是万达集团旗下的互联网科技品牌，定位为场景服务运营商。2015年7月31日，飞凡正式上线。

此外，飞凡还首次在全国范围内开启了 AR 寻宝活动，参与者可搜寻到零花钱、优惠券等。同时，还有 300 多家购物中心与百货商场联合以交友为主题推出了万人直播活动。由此可见，为了迎战"双 11"，实体零售企业从提升顾客体验出发，选择了"抱团"的方法来吸引客流。

◆ 江南布衣[①]：全渠道迎战"双 11"

在"双 11"期间，江南布衣也在新零售概念的影响下推出了多种活动。首先，下架商品大量补单，满足了顾客的消费欲；其次，线下奥特莱斯等门店提供直接发货服务，有 20% 的商品直接从门店发出，提升了物流速度，带给消费者更好的购物体验。

此外，江南布衣还在"双 11"期间加入了网络直播，在 11 月 10 日下午推出了"时尚大咖教你凹造型"活动，派送出了诸多优惠券与福利。在此期间，消费者在线上下单，快递可能在当天或者第二天就能送到消费者手中。

◆ 淘品牌：转战线下增强消费体验感

"双 11"之前，茵曼、迷阵、七格格等十几个家居、服装、家具品牌入驻银泰集合店。在此期间，银泰集合店中的商品与天猫商城同价，并在货物、仓储、结算、物流等多个环节实现了线上与线下的全面融合，为顾客带来了更优质的消费体验。

◎ 从"双 11"看新零售特征

2016 年的"双 11"，电商平台与实体企业在新理念、新技术的双重作用下，均带给了消费者不一样的感受，这种感受在很大程度上反映出来的是"新零售"所表现出来的四大特征。

---

① 江南布衣是杭州江南布衣服饰有限公司旗下品牌，创立于 1994 年，总部位于中国杭州。

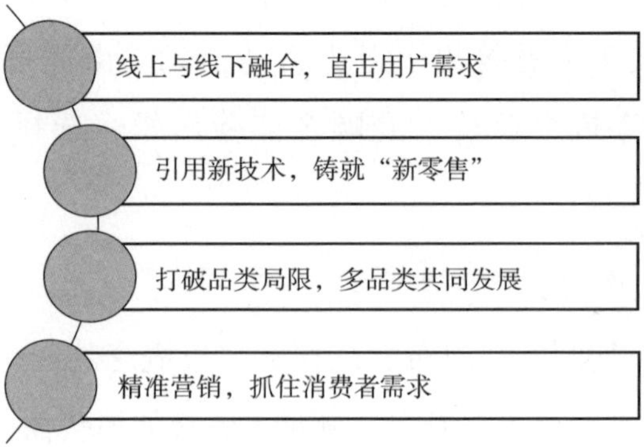

图1-9　新零售的四大特征

◆ 线上与线下融合，直击用户需求

阿里2016年的“双11”表现出了与往年“双11”不同的特点，其中之一就是全渠道融合有了更大的进展。在“双11”期间，阿里平台将近100万家店铺实现了线上与线下的融合。另外，线下实现全面电子化的门店数量也超过了10万家。线下门店可以借助千牛“店掌柜”为导购员实时提供商品、客户、订单等信息，并借助“数据银行”实现了会员信息的全面融通，实现了全渠道运营，为用户提供了完美的B2C解决方案，并为其带来了不一样的消费体验。

为备战“双11”，京东商城与线下零售巨头沃尔玛达成合作，获得了沃尔玛旗下的线上商城1号店，还借助沃尔玛在线下零售领域和海外零售领域的资源优势强化了O2O布局、推进了全球化战略，将线上与线下彻底打通。

另外，苏宁易购“双11”打造的“笑倾城”项目，将家电、百货、母婴等产品以“复古”“穿越”的形态表现出来，并与线上相结合，打造了场景式消费、体验式消费，解决了消费者的消费痛点，让消费者充分体验到了全渠道消费的乐趣。

由此可见，在新零售时代，线下企业和线上电商将一改以往对立、竞争的关系，相互包容、共同发展。线上渠道充分发挥其产品展示、吸引流量、下单付款等优势，线下渠道充分发挥其体验优势，并帮助解决售后问题。线上与线下相互辅助，使用户的核心需求得到了极大的满足。

◆ 引用新技术，铸就"新零售"

2016 年的"双 11"引进了许多新技术，如直播、VR 等。

11 月 1 日，淘宝网"Buy+"① 上线，这个集 VR 模式和全景购物模式于一体的频道，将概念视频变成了现实，用户只需要移动视线，就能实现浏览、下单、支付，其购物体验与实体商场极其相似。

另外，苏宁易购也借助 VR 技术打造互动游戏。例如，打开苏宁易购 APP，点击右上角的取景框，在线下店铺中找到狮子图案，用 AR 扫描，就能参加抢狮大战，有可能获取现金。

唯品会则借助大数据有针对性地为消费者推荐商品，使用户的消费体验得以有效升级；另外，唯品会还构建了全球质量追溯体系，消费者在下单之前，可以借助这个体系查找商品来源，以保证商品质量。

新零售要实现线上、线下与物流的全面融合，就离不开技术的支持。未来，将会有更多的新技术被用于零售领域，无论是线上零售业，还是线下零售业，都将得以快速发展。

◆ 打破品类局限，多品类共同发展

为了迎战"双 11"，阿里旅行与多家国际知名酒店达成了合作，这些酒店在"双 11"期间拿出 500 多家中国区门店加入了阿里旅行，推出了一系列优惠活动。

---

① Buy+ 是阿里巴巴于 2016 年 4 月推出的全新购物方式，使用 VR 技术，利用计算机图形系统和辅助传感器，生成可交互的三维购物环境。

饿了么也与淘宝网合作，在“双11”期间推出了许多优惠活动，如精选美食满减活动、品质餐厅折扣活动等。用户只需点击饿了么APP或者手机淘宝的外卖频道就能参与活动，享受优惠。

在新零售时代，纯电商和纯零售将不复存在，商品种类之间的界限也将消失，消费者在享受商品的同时，还能享受到优质的服务。

◆ 精准营销，抓住消费者需求

在“双11”之际，京东与腾讯合作打造了“京腾魔方”，将电子商务和社交融合在一起，借助大数据对用户行为进行分析，全方位研究消费者的需求和意图，构建了一种更加精准的营销模式。

淘宝网则策划了“我的双11”板块，通过分析消费者的日常搜索记录，有针对性地为消费者推送商品和店铺，给消费者带来了更加极致的消费体验。

在新零售时代，消费者需求日益多样化、个性化，盲目地推送不仅不能吸引消费者的注意，往往还会适得其反。在这种情况下，只有精准地推送才能让消费者产生一种“定制化”的感觉，引起消费者的好感，增强用户黏性。

总而言之，2016年的“双11”将新零售的概念推向了顶点，线上与线下融合打造全渠道营销，为实体零售业转型、线上零售业进一步发展带来了很大的机遇。

其一，线上与线下融合，实体店和电商可以相互引流，共同发展；其二，线上与线下融合有效地扩大了销售范围，线上的销售范围扩展到了线下，线下的销售范围扩展到了线上；其三，线上与线下融合有效地拓宽了销售渠道，线上宣传能为线下带来更多的客户，线下宣传也同样能为线上带来更多的客户；其四，全渠道营销的出现能为消费者带来颠覆式的消费体验，提升了消费者的满意度。

当然，新零售在带来机遇的同时也面临着极大的挑战。一方面，在新零售时代，市场不断扩大、竞争对手不断强大，使得市场竞争更加激烈；另一方面，全渠道营销意味着商品价格更加透明，零售商家之间的低价竞争也会愈演愈烈。

◎ 全渠道：融合共赢是新零售的核心

◆ 线上电商：纯电商时代将终结，升级全渠道新零售

新零售时代，线上与线下融合的全渠道营销，在 2016 年的"双 11 购物节"中显现了出来。2016 年 11 月 1 日，淘宝"Buy +"正式上线，借助 VR 技术，增强了顾客的购物体验。在"Buy +"频道，无论顾客选择"VR 模式"还是"全景模式"，都能够实现边逛边买，其购物体验与实体商场非常相似。

每一届"双 11"，阿里都会有一个巨大的进步。2016 年的"双 11"，阿里的全渠道融合战略又向前迈进了一大步——100 多万家店铺实现了线上与线下的融合，实现全面数字化的门店超过了 10 万家。互动、直播、娱乐化消费、海内外贯通，2016 年的"双 11"给消费者带来了独特的体验。

马云在 2016 年的云栖大会上特别提出了"新零售"这一概念，认为只有线下、线下、物流融合才能产生真正的新零售。而阿里在 2016 年"双 11"的布局非常点题，将线上与线下融合在一起，在新零售的道路上占尽了先机。

在每年的"双 11 购物节"上，一个不得不说的话题就是"猫狗大战"。京东作为阿里最有力的竞争者，面对阿里的攻势不甘示弱，在"双 11"到来之前与沃尔玛达成了合作。这也就意味着，在 2016 年的"双 11 购物节"上，阿里和苏宁联盟即将对战京东与沃尔玛联盟。

事实上，京东和沃尔玛的合作并不是迎战"双 11"的突发奇想，早在 2016 年 6 月，双方就已经开始就合作问题进行协商布局。6 月 21

日，沃尔玛将 1 号店转售给了京东，以期在消费升级时代，能够尽早地塑造出未来零售业的新形态。京东与沃尔玛合作，其目的有三点，一是希望能够借助沃尔玛在零售业的资源优势完善自己的 O2O 布局；二是希望能够借助沃尔玛的海外资源推进自己的全球化战略；三是希望借助 1 号店来拓展自己在华东地区的市场份额。

除此之外，苏宁、聚美优品、唯品会等电商平台也在线上与线下融合方面做出了诸多努力。例如，唯品会引入了直播，以增强互动；苏宁云商则做好了在 2016 年“双 11”之际实现非家电品类销售突破的准备。

◆ 线下零售：加快渗透线上渠道，联手电商抱团结盟

在线上电商大力宣传的同时，线下企业也没有消极懈怠。以家乐福、沃尔玛、华润万家、广百等为代表的多家线下店商早已做好了迎战“双 11”的准备，一大波降价促销活动频频袭来，其力度丝毫不输线上电商。在营销策略方面，线下零售商则要么加快了向线上渠道渗透的速度，要么实现了与电商的联合，以形成线上与线下的融合。

从这个层面来看，无论是线下还是线上，都接受了新零售、全渠道营销的理念，并开始朝着这个方向大步前进。

2016 年 11 月之前，沃尔玛、永辉超市与京东达成合作，沃尔玛官方旗舰店和山姆会员旗舰店入驻京东平台，沃尔玛正式入驻京东广州南沙保税仓，并向京东物流注资，由京东承担中国区的货物配送工作。

同期，家乐福与小米旗下的云米科技达成合作，推出智能家电一站式体验活动，2016 年 10 月 17 日，云米智能家电体验馆入驻广州家乐福正式营业。

除此之外，线下实体零售企业还向阿里取经，纷纷开始“造节”。

2016 年 11 月，以广百股份、北人集团为代表的 16 家百货零售企业结成联盟，发起了“2016 年全国百货联盟正品购物狂欢节”，这个活动覆盖的省份达 20 多个，涉及的品牌超过 100 多个，是目前我国联合营

销活动中规模最大、覆盖面最广的一次活动。

一直以来，线下实体零售业都以客户体验为最大的竞争优势。未来，随着新零售时代的到来，纯电商将消失，纯零售也将不复存在。在这种情况下，线下实体零售业要想生存下去，就必须做好用户管理，借助大数据等新技术手段实现变革，创新商业模式，做好全零售。

全零售包含的概念非常广泛，实体企业、非实体形式的企业、经营商品的零售企业、经营服务与体验的企业等都属于全零售的范畴。可以说，全零售这个概念非常开放，但是无论其包含多少内容，核心都只有一个，就是围绕消费者构建生态圈和供应链。

◆ 融合共赢是新零售的核心

2016 年第八届"双 11 购物节"，已经不仅仅是单纯的购物促销了。随着交易额的暴增、消费者参与度的提升，已经发展成了一个全民娱乐、线上线下零售商渠道升级的演练场。

2016 年"双 11 购物节"，各企业耗费人力、物力布局的全渠道将显现雏形，线上、线下、物流、用户、供应链将实现融合。这种融合之势将进一步带动区域经济、城乡经济发展，为我国电商发展不平衡问题提供一个有效的解决方案。

随着新零售时代的到来，规范化、一体化、互动化、全球化将成为商业发展的主要特征。在这个时代，商业要实现变革，就必须将线上和线下融合在一起，提升购物体验和运营效率。但线上和线下的融合并不是单纯的渠道融合，还包括了支付、物流、仓储、售后等服务的融合。如果线上和线下能实现有效融合，企业的竞争优势将会更加明显。

随着"双 11"主题的演变，线下企业和线上电商的关系几经变化，从割裂到融合再到共赢，其背后反映出来的是我国消费升级和消费观念转变的趋势。

1.4 Amazon Go：亚马逊的“新零售”实践方法论

零售的价值：成本效率与用户体验

自 2015 年 11 月亚马逊在总部西雅图开设首个线下书店 Amazon Books① 以来，其布局线下零售的步伐越来越快，除了新增多家 Amazon Books，还开设了线下零售店 Amazon Go。零售企业能够取得成功离不开两个方面：一是效率明显提升；二是带来了良好的用户体验。

在实体零售发展受阻的局面下，亚马逊为何投入巨大资源布局线下市场？这是亚马逊单纯的炒作，还是真的从中发现了巨大的商机？

Amazon Go 所带来的线下购物体验颠覆了人们的传统认知。无须排队结账，选购完自己想要的商品，直接离开即可。根据亚马逊官方对 Amazon Go 的介绍，我们很容易找到其中的奥秘，原来 Amazon Go 是一家融合了传感技术、深度学习及计算机视觉等高科技技术的“未来超市”。

超市采用的 Just Walk Out 系统可以自动对顾客在门店内的行为进行监测，顾客选择商品后，它会自动将商品加入到虚拟购物车中。当顾客带着自己想要的物品离开门店后，Just Walk Out 系统会将电子账单推

---

① Amazon books 是亚马逊首家实体书店，坐落在华盛顿西雅图市。这个书店里有 5000 多种书，包括畅销书、亚马逊网站客户最喜欢的书、亚马逊员工甚至贝索斯本人推荐的书等。亚马逊还参考其珍贵的数据宝库，找出哪些书值得保留在书架上。

送到顾客的手机中，后者就可以进行在线付款。

Amazon Go 线下零售店不仅出售日用百货，还有厨师负责现场制作点心、奶酪、零食及巧克力等。忙碌的上班族或者是学生前往 Amazon Go 门店内，点一份两人套餐“Amazon Meal Kit”，仅需要 30 分钟就以享用美食，而且不用排队结账，大幅度降低了顾客购物消费的时间成本。

未来随着 Amazon Go 门店数量的不断增加，将会给 Instacart、Self-cart 两家公司的发展带来较大影响。前者是一家杂货投递创业公司，能够为服务范围内的用户提供 1 小时送达服务；而后者则是一家主打帮助人们在超市购物时不用排队结账的创业公司。

成本效率与用户体验是一种新零售业态能够产生并发展壮大的关键所在。前者典型的代表是沃尔玛，其以极高的成本效率真正让利于消费者；后者典型的代表是 7 - 11[①]、家得宝、巴诺书店等，其为消费者带来了超乎预期的购物服务体验。而在零售业竞争如此激烈的背景下，要想取得成功，往往需要同时具备这两大优势。

以成本效率著称的沃尔玛曾经进入德国市场，但却遭遇到了德国本土零售巨头阿尔迪的阻击，经过几年的正面对抗后，在德国市场亏损了数亿美元的沃尔玛于 2006 年彻底离开德国市场，并表示：“在成本控制和‘天天低价’方面，还是德国人更在行。”

为何阿尔迪能够击败沃尔玛，最为关键的就是其更低的产品价格与更高的成本效率。对于沃尔玛，人们印象中就是其在压缩成本、产品选购与物流成本优化方面具有明显的领先优势。但事实上，阿尔迪在这些方面要比沃尔玛更为优秀。

以销售的产品为例，阿尔迪门店内仅销售 700 种商品，对于同品类商品，它仅销售一个品牌的商品，这使得门店内每一件产品的销量都保

---

① 7 - 11 是日本零售业巨头，世界最大的连锁便利店集团，创立于 1973 年 11 月，在全球拥有便利店、超级市场、百货公司、专卖店等。

持着极高的规模。虽然沃尔玛的年销售额是阿尔迪的数倍，但后者却是世界上最大的批发采购商，每一件产品的年采购额均超过了5000万欧元。没有哪个供应商会愿意放弃为这种不存在品牌竞争的销售渠道供货，即便供货价格被压缩到了很低。

在人力成本方面，阿尔迪一家门店的员工仅有4~5名，沃尔玛每家门店却至少有40名员工。阿尔迪员工工作效率非常之高，一个员工经常同时身兼数职，但这也为他们带来了更高的回报，其工资水平是同行业平均水平的150%。可能我们很难相信，一家年度销售额达到300多亿欧元的零售巨头会不设置行政部门，但阿尔迪就是如此，其每一位普通员工都需要参与到管理中来。

目前，阿尔迪正在大力拓展海外市场，其在沃尔玛与亚马逊总部所在的美国市场已经开设了上千家门店，而且仍在快速扩张。而亚马逊开设这种无人零售门店Amazon Go，能够有效控制门店的人力成本，可谓是对传统零售的又一次颠覆。

Amazon Go的“新零售”实践策略

◆ 亚马逊线下零售的优势

控制成本是零售企业普遍采用的竞争策略，亚马逊、沃尔玛、阿尔迪都是通过控制成本而在市场中建立起了领先优势。当然为了能够确保产品价格最低、实现价值最大化，零售企业通常会严格控制人力成本。但这也会带来政府部门的监管、员工因为待遇较低而极易流失等方面的问题。

而Amazon Go无人零售店，仅在人力成本这一个方面，就会让零售企业大为受益。得益于智慧物流的应用，亚马逊在配送及仓储人力成本方面取得了明显的领先优势，此次通过高科技手段来降低零售门店的人力成本，有望给整个零售业带来巨大的转变。

2016 年，美国线下零售业遭到了空前的发展阻力，很多中小零售商被迫申请破产。此前，一位有着多年从业经验的瑞士信贷分析师预测，2016 年美国零售业裁员人数将达到 2.4 万人。而彭博社给出的数据则更为悲观，这一数字被提升到了 3.7 万人。2016 年，零售巨头沃尔玛关闭了大量线下门店。

这种裁员行为显然是为了有效缓解成本压力及电子商务给实体零售带来的强烈冲击。在美国，人工成本向来保持着较高的水平，而且近年来仍保持增长态势。为了留住员工，沃尔玛不得不提高其薪资待遇，2016 年初沃尔玛宣布将为全美约 120 万名员工（包括全职及兼职员工）涨薪，这使得其 2016 年度开支增加了 15 亿美元。

和高科技企业偏向于寻找优秀人才所不同的是，零售企业需要大量劳动力才能支撑企业的正常运转，而且员工从事的多是体力工作。也正是因为这种特点，Amazon Go 无人零售店的发展前景更值得我们期待。

除了减少人力支出，Amazon Go 门店内收银台的取消，也使得亚马逊能够展示更多的商品，从而获取更高的价值回报。

更为关键的是，顾客在 Amazon Go 门店中将免除排队付款的烦恼，减少购物时间成本，从而有效提升用户购物体验。现实生活中，节假日期间前往大型商超购物很容易遇到排队付款的问题，有时排队时间甚至超过了 1 个小时。这种极高的时间成本，在当下这个生活节奏越来越快的时代，是很多消费者所不能承受的。

在消费心理学中，当人们排队付款时，一旦等待时间超过 8 分钟，大部分人心中就会产生烦躁感，而且收银员不仅承担着繁重的体力工作，也会面临较大的心理压力。很多消费者因为排队付款的队伍过长，而不得不放弃此次购物。

而带来良好用户购物体验的 Amazon Go 无疑将有效解决这些问题，当顾客被门店内的良好服务体验而感动时，他们也会主动向亲朋好友推荐。亚马逊布局线下零售的策略不仅是单一的 Amazon Go 门店，它计划在西雅图西北部的工业区内开设一家“汽车穿梭超市”，消费者在线上下单后，开车前往门店带上包裹后即可离开。这和国内的线下自提点十分相似，在生鲜电商中应用较为普遍。

亚马逊花费 4 年时间打造的线下零售店计划，至少有 3 种实体超市形态，有规模较小的便利店，也有规模较大的商超百货，未来亚马逊将在美国市场开设 2000 多家全新经营业态的线下零售店。

◆ 亚马逊选择食品日杂品类的原因

在亚马逊线下零售店的计划中，食品日杂是其重点关注的品类。亚马逊没有选择服装，也没有选择 3C 产品，而是要重点拓展食品日杂这一品类。为何亚马逊会做出这种选择呢？其原因包括多个方面：

首先，亚马逊经营的产品品类十分广泛，而且在很多品类方面做得相当出色，例如，在服装领域，有大量的消费者培养出了在亚马逊平台上购买服装的习惯；在时尚领域，亚马逊即将超越时尚零售巨头梅西百货；在家电、家居、图书、化妆品等品类上，亚马逊也保持着一定的领先优势。

但在生鲜食品零售方面，亚马逊却一直未曾取得实质性突破，而这一市场的商业前景十分广阔，据 Cowen and Company① 公司发布的数据显示，目前美国食品日杂市场规模高达 8000 亿美元。

其次，和其他需求所不同的是，食品日杂产品需求希望能够在最短时间内得到满足，而这些商品必须要采用冷链运输，物流成本相对较高，虽然需求频率极高，但客单价却普遍较低。不过，对亚马逊而言，其较高的需求频率能够有效带动其他产品的销量，所以拓展这一品类带来的价值也是相当丰厚。

最后，亚马逊在多年发展过程中建立起来的仓储及配送体系将得到充分发挥，而且线下门店的存在能够有效缓解“最后一公里”问题，

---

① 华尔街券商柯文公司。

从而有效改善亚马逊的购物服务体验。

从传统零售，到电子商务，再到新零售，每一次的变革都经过了零售从业者长时间的摸索。亚马逊的无人零售门店 Amazon Go 仍处于探索阶段，能否真正解决人力成本问题，是否有消费者愿意进店体验，会不会带来社会矛盾等问题还有待时间的检验。不过，其对传统零售的巨大颠覆性值得我们给予高度关注，未来的零售产业可能会因此而发生重大转变。

◎ Amazon Go 对零售企业的五点借鉴

2016 年底，电商巨头亚马逊表示，将会在其美国总部西雅图开设一家名为"Amazon Go"的零售实体店。这家零售实体店和普通的实体门店存在着巨大的差异，门店内没有收银员，顾客只需要通过移动终端扫描二维码即可进入超市选购商品，选择完商品后可以直接离开超市，不用耗费大量的时间用于排队付款。

在宣传视频中，亚马逊对这种令人惊艳的未来超市"Amazon Go"进行了详细介绍，并指出实现这一模式的关键点就是其开发的全新智能检测系统"Just Walk Out"。

宣传视频向我们展示了这样的场景：顾客使用手机上安装的 Amazon Go 软件提供的个人二维码进入超市，然后由 Just Walk Out 系统负责对用户行为进行记录。每个进入超市的顾客将会得到一个虚拟购物车，顾客每选择一件商品，Just Walk Out 系统就会将这件商品加入到虚拟购物车中。顾客离开超市时，该系统会将电子账单通过 APP 推送给顾客，后者确认后就可以完成付款。

这种全新的购物体验，让很多消费者感到十分期待。接入移动互联网的线下门店所展现出来的这种智能化、人性化的购物体验着实让人兴奋。曾经出版《不可消失的门店》一书的新零售时代理论先行者大卫·

贝尔[1]指出，虽然从表面上看，零售业的形态、表现方式等发生了多种变化，但其满足消费者购物、社交及娱乐需求的本质却始终未曾发生改变。

纵观商业发展史，人们在购物过程中，对消费决策产生较大影响的就是这三种需求是否得到了满足。以前，人们外出购物时，会穿上光鲜的衣服，邀请家人或者朋友，在街上看杂技，然后购买完想要的商品后返回家中。进入工业时代后，大型商超十分注重配套设施建设，为人们提供餐饮、娱乐、购物、交友等各种各样的服务。而进入互联网及移动互联网时代后，电商平台将购物、社交及娱乐更为高效地结合起来，从而吸引了大量的网购群体。

据市场研究机构 eMarketer 发布的预测数据显示，2016 年中国零售市场规模为 4.886 万亿美元，高居排行榜榜首，其中电子商务所占据的比例为 18.4%。而著名商业杂志《经济学人》[2] 预测的数据显示，预计到 2020 年，中国电商市场规模将超过日本、英国、德国、法国及美国当前电商市场规模之和。此外，中国在移动电商方面也居于领先地位。所以，未来一段时间内，中国企业将会引领零售业的发展潮流。

当今时代的零售环境和以前相比发生了很大的变化，让消费者购买产品最为关键的因素在于为其提供线上与线下融合的产品体验。为了在新零售时代取得领先优势，企业需要关注以下五个要点。

◆ 要点一：位置

消费者的位置在新零售模式中有着十分关键的影响，因为位置能够影响一个人的消费理念、消费价值观等，特定区域的消费者对于不同的

---

① 大卫·贝尔（David R. Bell）毕业于斯坦福大学，获得斯坦福大学商学院博士学位、统计学硕士学位和宾夕法尼亚大学荣誉硕士学位、新西兰奥克兰大学一级荣誉硕士学位。目前执教于沃顿商学院，担任沃顿商学院高级管理项目学术主任、哈佛大学美国营销科学学会学术理事。

② 《经济学人》是一份由伦敦经济学人报纸有限公司出版的杂志，创办于 1843 年 9 月，创办人是詹姆士·威尔逊。杂志主要关注政治和商业方面的新闻，但是每期也有一两篇针对科技和艺术的报道，以及一些书评。杂志中所有文章都不署名，而且往往带有鲜明的立场，但又处处用事实说话。

消费场景有着特殊的偏好。在我国，居住在三、四线城市中的人口约为 2.6 亿人，而且这个数字随着城市化进程的不断加快仍在继续增长，和一线城市相比，这些消费者在购物消费方面有着明显的不同。

据公布的数据显示，居住在三、四线城市中的消费者网购消费，在其总收入中占据的比例要高于一、二线城市。之所以会出现这种情况，和一线城市中的大型商超配套设施更为完善、提供的服务更为优质存在着密切的关联，而且一些国际品牌可能仅会在一、二线城市开设线下门店，三、四线城市消费者想要购买就只能通过线上渠道。

三、四线城市消费者对于网购更加青睐的这种特征，为顺丰、四通一达、菜鸟驿站等物流服务商提供了良好的发展环境。此外，一、二线城市对于高端线下体验店的需求要明显高于其他地区，这要求布局新零售模式的企业能够制定出更为灵活的应对策略。

◆ 要点二：克服阻力

新零售从业者需要克服两个方面的阻力：一是搜索阻力；二是位置阻力。

搜索阻力代表了目标群体在获取产品或者品牌的相关信息时，可能会遇到的各种限制，如网站内容占用流量过高、传播渠道太过单一、页面过多的推广信息让消费者产生不信任感等。当这些限制被打破时，消费者能够更为方便、快捷地获取真实的产品价格、材质、质量等信息，从而更好地制定消费决策。美团、大众点评（现已合并为"新美大"）无疑是降低消费者搜索阻力的一大重要因素，所有用户都能够在平台上获取并分享产品和品牌信息。

位置阻力则代表了消费者所处区域给他们购买商品带来的限制。虽然移动互联网的存在使得购物的位置阻力越来越小，但我们知道对于某些商品人们并不愿意进行网购，如家电、家居等尤其注重体验的产品。位置阻力对于一线城市之外的其他地区表现得尤为突出。国际咨询服务巨头麦肯锡公司表示，一线城市之外地区的人会更加倾向于网购，因为这能让他们在零售商尚未布局的地区购买到以前无法购买的商品。

◆ 要点三：传播

在新零售模式中，可以尝试从两个方向对信息进行传播：一是借助人们的从众心理，也就是找到与现有用户特点比较类似的群体进行推广；二是引导消费者主动对产品和品牌信息进行分享。

◆ 要点四：移动与社交

移动与社交的深度融合使得零售业迎来了新的发展契机。即便是和民众崇尚自由的美国相比，中国移动市场的发展程度也毫不逊色，而且广大网民在各大社交媒体平台上表现得相当活跃。这为产品品牌实现口碑传播，并获取地域性影响力打下了坚实的基础。

提供本地化生活服务的滴滴与大众点评的实践案例，向我们很好地展示了消费者在地域位置上的群聚性给企业发展所带来的影响。在即将到来的新零售时代，布局重点的选择与利用易于传播分享的内容来让用户进行口碑传播，具有极为重要的价值。

◆ 要点五：偏好少数派

满足“偏好少数派”的需求，是企业在广大民众需求不断升级，个性化及差异化需求集中爆发背景下的必然选择。很多消费者对于当地零售商所提供的千篇一律的同质化商品和服务积怨颇深，如果企业能够针对这种需求心理而提供差异化的产品或者更多的增值服务，就很容易赢得这些消费者的认可。而且从盈利的角度来看，差异化产品及增值服务显然能让商家具有更高的利润空间。

部分零售从业者将线上与线下看作竞争的关系，认为不是线上取代线下，就是线下取代线上。这种观点是相当错误的，在新零售模式中，线上与线下是一种良好的互补关系，二者的融合能够为广大消费者带来更为优质完善的购物体验，所以对零售从业者而言需要转变思维，在探索线上的同时，也要做好线下布局，这样最终才能在激烈的市场竞争中成功突围。

第 2 章

消费者主权：新零售时代的商业模式变革

2.1 经济新常态：零售环境与消费市场发展趋势

◎ 我国未来零售市场的主要发展趋势

“互联网 +”的经济新常态下，我国零售领域供、需两端都出现了诸多变化。根据尼尔森[①]中国零售商研究部和国家统计局联合发布的消费者信心指数分析，未来我国零售市场将主要呈现出以下趋势。

◆ 城镇化进程加速，蕴藏巨大消费潜力

当前我国正处于城镇化加速发展的阶段，而城镇化的核心是人的城镇化，是消费理念、消费行为、消费习惯的变革重塑。从这个角度而言，城镇化的加速发展将会为我国零售产业创造巨大的潜在消费市场。

例如，尼尔森的统计研究已经表明，我国城镇化水平每提高 1 个百分点，就会新增大约 1300 万的消费人口，并创造出 1335 亿元的零售市场。

◆ 消费者信心保持平稳，消费意愿增强

工作、收入状况和消费意愿是影响消费者信心的三个主要因素。其

① 尼尔森是全球著名的市场调研公司，创立于 1923 年，总部位于美国纽约。创始人阿瑟·查尔斯·尼尔森是现代市场研究行业的奠基人之一。

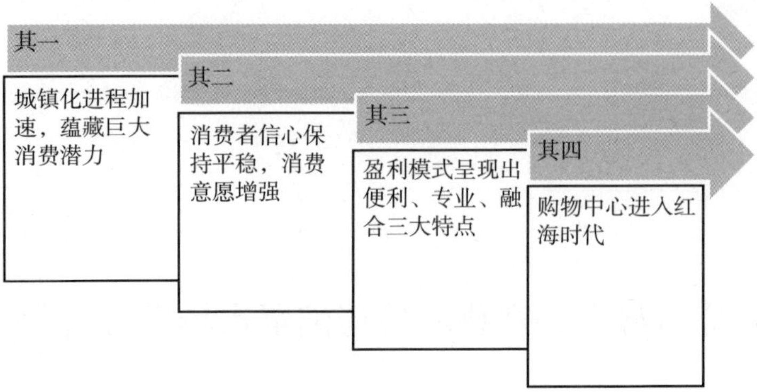

图 2-1　我国零售市场的主要发展趋势

中，工作是关键，决定着人们的收入水平，进而影响人们的消费意愿和消费方向。在整体经济快速发展、社会生活水平不断提高的大背景下，我国中产阶级群体规模也实现了跨越式增长，在过去 15 年中大约增长了 14 倍，预计到 2020 年这一群体的数量将突破 1 亿人。

世界各国的发展经验早已证明，中产阶级的壮大有利于整体社会结构的稳定，也是扩大内需、建立消费驱动的增长模式的必然要求。中产阶级成员具有较高的学历和收入不菲的工作，思想开放，愿意接受互联网、电子科技等新事物，更加青睐于能够提高生活质量和品质的消费内容和消费方式，是海淘、B2C 等创新消费形式的主要目标受众。

此外，中产阶级群体对健康、教育等方面的高度重视也为相关产业的发展提供了巨大的市场空间。

◆ 盈利模式呈现出便利、专业、融合三大特点

根据尼尔森公司对各行业零售店铺的普查结果和分析，现代零售行业在盈利模式方面体现出三大特点：

1）现代渠道不断优化，渠道店铺增长成为零售渠道扩张的主要表现和驱动力量

现代渠道是指药店、大卖场、便利店、小型超市、母婴专卖店、化

妆品店等具有连锁性质的商品零售形式，这是商家拓展零售市场、获得更多目标消费者的重要路径。

2）零售购物呈现出便利化、小而美的发展态势

渠道模式能否适应消费者的行为习惯对零售业态的发展有着重要影响。在这方面，以便利店为代表的小而美的现代渠道充分契合了新常态下碎片化、分散化、移动化的消费特点，受到消费者的青睐。

从分布状况来看，当前便利店主要集中在东部沿海城市，这些地区人口密集，消费理念和行为比较新潮，注重购物的便捷性与小而美的消费体验。不过，近两年便利店正加速向内陆地区扩张，北京、山东、陕西、广西、川渝等地的便利店如雨后春笋般不断涌现，密度越来越大。

另外，移动互联时代消费场景的碎片化和品质诉求，也推动了越来越多规模较大的卖场转向社区便利店之类的小而美的经营模式。这类小型零售店内的产品虽然不如大型商超或卖场丰富，但都是卖家精心挑选的精品，能够充分满足周边消费者日常生活中的便捷性、品质性购物需求，当然价格一般也会比大型商超高出 5% ~10% 。

3）线下实体零售与线上 O2O 等电子商务模式有机结合

随着国内电子商务整体生态的优化成熟，更为便捷、专业的 O2O 全渠道逐渐成为零售行业主要的现代渠道模式。在这方面做得比较成功的企业既包括传统零售巨头沃尔玛，也包括互联网平台京东，它们主要是借助线上平台与消费者及时、深度地沟通，从而全方位满足人们的消费诉求。

以母婴零售 O2O 为例。2009 年国内开始出现母婴 O2O 零售模式，到 2016 年该类母婴渠道已经接近 20 万家，且仍以 8% 的年增速高速扩张。凭借自身交易的便利性、服务的专业性和商品的高品质，母婴 O2O 已逐渐成为消费者的首先渠道，如 53% 的消费者会通过母婴 O2O 购买婴儿奶粉。

◆ 购物中心进入红海时代

购物中心也是零售领域现代渠道的重要组成部分。很多城市白领和工薪阶层都喜欢在周末去购物中心，不仅是购买需要的商品，还将其作为休闲、娱乐、餐饮的场所，这极大地推动了购物中心的快速拓展。

不过，电子商务模式的优化成熟，特别是在母婴、化妆品、线上超市等领域的不断扩张布局，对购物中心造成了巨大冲击，抢占了大量市场份额。同时，随着网民规模、上网时间的不断增长，以及越来越多的网民培育出了线上消费习惯，购物中心已然进入了红海时代。

◎ 新零售业态下消费者的特点与变化

在整体经济增长趋缓、城镇化水平快速提高、零售业态加快转型的背景下，我国消费者呈现出人口老龄化、消费者细分化、渠道多样化、商品品质化、消费移动化五大特点。

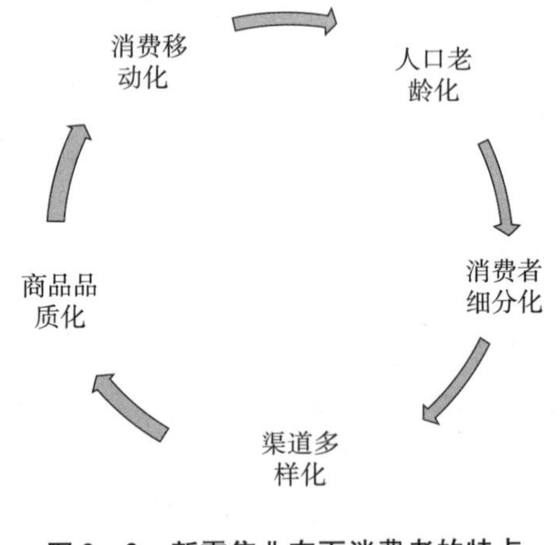

图 2-2 新零售业态下消费者的特点

◆ 人口老龄化

通常认为，当一个国家或地区 60 岁以上人口比重达到 10% 或 65 岁以上老人占比达到 7% 时，便意味着进入了老龄化社会。

相关数据显示，2000年时我国65岁及以上的老年人口比例达到7%，2010年为8.9%，2014年是10.1%，社会老龄化加速发展且程度不断深化。同时，世界卫生组织预测，到2050年我国60岁以上人口占比将达到35%，成为世界上老龄化最严重的国家。

人口老龄化必然会对整个社会的消费心理、消费行为和消费偏好产生影响，特别是由此产生的“银发经济”，将为零售行业开拓出新的广阔市场。

◆ 消费者细分化

以往对消费者的分类只是从男女性别、城镇农村等角度进行简单的群体划分；而新常态下多元化、个性化、定制化需求的不断增多，要求零售行业能够借助大数据、云计算等先进的互联网信息技术，对消费者进行更为精准的细分定位，以便基于用户的年龄、收入、偏好等个人化特质进行精准化营销，从而更有效地实现消费转化。

◆ 渠道多样化

随着社会生活节奏的不断加快，人们越来越青睐于快捷便利的购物方式：每周末到商场采购一周的生活用品、早晨上班路上顺手在便利店买份早餐、下班回家经过超市时买一些鲜菜或肉品，这已成为很多都市上班族的常态。

人们消费诉求的个性化、多元化也使零售渠道呈现出多样化的发展态势，不同的零售渠道都可以根据消费者的不同诉求找到生存发展的空间。例如，喜欢网络购物的消费者大多购买的是服装之类具有较高品牌辨识度的商品，这些产品同样拥有线下实体店，消费者可以通过对比获得更低廉的价格。而对于那些需要切身体验的商品，如小孩奶嘴等，消费者更倾向于到线下母婴实体门店选购，以便通过触摸更准确地判断奶嘴的柔软度和舒适度是否合适。

因此，虽然近些年网络营销模式的迅猛发展对传统实体零售渠道造成了巨大冲击，线上与线下的渠道之争也一直是零售行业关注的重要内容，但从当前消费者的选择来看，显然并不是所有品类产品的线下渠道都受到了影响。相反，消费者主要根据商品本身的特质来选择更适宜的购买渠道，这使得每种渠道都可以找到自己的布局方向和生存空间，从而推动零售市场消费渠道呈多样化发展。

◆ 商品品质化

随着我国经济的快速发展和社会生活水平的不断提高，人们越来越注重生活品质，更加青睐于那些能够提升生活质量的品质化商品；而消费渠道的多样化也表明人们十分乐意为舒适、高品质的商品付费。

例如，很多护肤类、食品类的商品经常以“纯天然”“无添加”“草本精华”等作为主打理念来吸引消费者，且常常能够获得不错的销售业绩，因为这些概念契合了大众对健康养生等高品质生活的深度诉求。

◆ 消费移动化

移动互联网的发展成熟推动了消费形态的移动化，越来越多的消费者青睐于通过智能手机观看视频、收发工作邮件、选购各种商品或服务等。移动化、碎片化已成为新常态下消费市场的重要特质，因此整个零售行业都需要迅速做出反应和调整，以便更好地适应消费移动化的发展趋势。

新常态下的消费行为、消费诉求、消费心理以及消费渠道等各个方面之所以发生改变，一个关键驱动因素便是消费者群体的变化——泛“90后”逐渐成为新常态下的消费主体。

泛“90后”主要是指1985年到1995年出生的人，这一群体规模庞大、有着较高的学历和收入、容易接受新事物、有着较强的消费意愿和能力。数据显示，泛“90后”群体规模占我国人口总数的17%，2012年的消费贡献率为15%，预计2020年将达到35%。

泛“90 后”群体正处于收入增长的黄金时期，同时在消费信心指数和经济状况预期方面也高于 1985 年之前出生的人群，因此有着更强的消费意愿，已成为新常态下推动消费市场持续发展的主要力量。

对零售行业而言，要想顺应新常态下消费主体的转变，更有效地抓住泛“90 后”消费群体，除了要精准把握他们个性化、多元化的消费诉求，还需要根据这一群体的行为特质、兴趣偏好等，找到最适宜的营销路径。

例如，针对泛“90 后”群体自主性较强、喜欢听故事的特点，聚美优品创始人陈欧亲自拍摄品牌广告，以讲故事而非硬性推送的方式将品牌理念和产品宣传等内容传达给消费者。结果，品牌广告中所开创的“陈欧体”引发了众多网友的热议和模仿，实现了品牌知名度和影响力的快速提升。

另外，泛“90 后”还是一个十分乐于分享的群体，他们在做出消费决策之前常常会参考其他消费者的相关评论，而购买之后也愿意上传自己的消费体验。有研究指出，全球消费者的分享意愿为 66%，而我国消费者的这一数据则高达 94%。

总之，零售行业在进行产品营销推广时，要转变以往的营销思维和模式，以用户体验为中心，深刻、精准地把握泛“90 后”群体的兴趣偏好和价值观念，通过更具娱乐性、分享性的讲故事的方式，将产品或品牌营销内容合理融入其中，以引发用户的情感共鸣和价值认同，从而不仅让用户转化为消费者，更使他们愿意主动参与到品牌的分享传播活动中。

◎“消费者核心”时代的零售变革

互联网的普及推广为电子商务迎来爆发式增长提供了强有力的支撑，在这种全新购物模式的驱动下，人们的消费理念和消费习惯也发生了巨大的改变。与此同时，线下体验线上购买，甚至通过线上的 VR 试衣间体验而直接购买的发展趋势，令诸多传统零售商感到恐慌。很多实体门店将惨淡的线下销售业绩归咎为电商平台的强力冲击，却没有注意到消费者本身所发生的深层次变革。

进入 2016 年后，消费者的变化更为明显。似乎所有的人都在谈论通过智能手机购物、刷朋友圈、订餐、出行、协同办公、观看影视剧等，智能手机俨然已经成为人们生活和工作的重要组成部分。得益于智能手机及无处不在的移动互联网，人们的购物不再受到时间和空间的限制，能随时随地与商家进行沟通交流并选购自己所需的商品，整个零售业也因此而迎来了重大变革。

◆ 科技主宰型消费者当道

目前，人们只要通过接入移动互联网的智能手机就能根据自身的个性化需求来购买自己喜欢的商品，而且与商家的营销推广相比，人们对于自己社交圈中的亲朋好友、同事、意见领袖等提供的消费建议和意见明显更为信任。得益于社交媒体平台的迅速崛起，人们可以与位于世界各地的消费者进行交流沟通，从而聚集成为一个个社群。

在新消费时代，主动权是由消费者掌握，生产商、渠道商及零售商为了应对日趋白热化的同质竞争必须尽可能地满足消费的个性化和差异化需求。信息不对称的局面被打破，消费者通过互联网能够获取自己感兴趣的信息，而且能够根据自己的认知创造信息，从而对他人的消费决策产生影响。消费社群的存在，使得人们在购物时，不再仅是势单力薄的个体，而是通过海量消费者的聚集获取了极大的话语权。

自媒体时代，信息传播跨越时间和空间的限制，人们在各大社交媒体平台中自发地传播、获取及创造信息，在自己的社交圈子中交流购物体验、心得等。通过渠道垄断而影响消费决策的年代已经成为过去，社会化营销和价值观推广成为商家的制胜法宝。

需要注意的是，在消费权益维护方面，人们不再只是简单地依靠媒体的力量，而是自发聚集起来向品牌商施压。兴趣相一致的消费共同聚集成为一定规模的社群后，完全有能力去影响一家品牌商的发展。

◆ 移动互联催生个性化消费繁荣

随着人们收入水平的日渐提升，消费需求越发个性化和差异化，人们购买产品不再只是为了单纯地满足功能需求，还要迎合自己的精神追求，产品要精美、个性、独特，服务要优质、全面、人性化。如果商家无法为消费者带来全新的购物体验和差异化的产品及需求，就很难沉淀出忠实用户。

在产品设计、定价、营销、销售及售后等诸多环节，消费者都可以参与其中，借助于微信、微博等工具，商家可以将消费者的意见和建议聚集起来，从而实现产品的定制化生产、营销、售后等。而且对于这种充分满足个性化和差异化的消费方式，广大消费者也愿意为之埋单，即便是价格有所提升。因此，零售商和品牌商必须做出相应的调整，尽可能地让消费者表达自己的个性化需求，并予以最大化的满足。

消费者与品牌商之间的连接关系，不再只是产品本身，还包括实时的互动交流、线上线下的各种活动等。在产能过剩时代，商家要想获取更多的用户，就要尝试以普通购物者的心态去和消费者进行沟通交流，去和广大用户做朋友，而不只是根据自己的喜好来生产产品。

◆ 新消费阶层购物碎片化、场景化

在线零售可以实现如此快速的增长，最为关键的就是消费群体发生了重大变革。更为个性化的“80 后”和“90 后”成为新一代消费主体，他们对于互联网这种新鲜事物极为敏感，能够通过各种各样的渠道来获得自己想要的一切商品。而且由于生活节奏的不断加快，他们的购物越发移动化和碎片化，在等公交、排队结算时都能够通过智能手机进行购物。

“80 后”和“90 后”更容易被各种能够带来丰富体验的营销场景

打动，配合二维码扫描支付、微信支付等方式，快速、高效地购买自己喜欢的商品。

移动互联网掀起的变革浪潮，使人类社会发生了重大转变，个体逐渐崛起，关键意见领袖能够直接影响个体的消费决策，而且人们在购物时不再仅考虑最为基本的功能需求，而是要满足更高层次的精神欲望。

对于广大商家来说，提供能够满足消费者精神需求的商品要比满足消费者基本需求的商品具备更为广阔的盈利前景。为此，各大零售商需要在商业模式、组织架构及用户关系维护等方面做出相应的调整，以便能够适应新消费时代的用户需求。零售商需要回归到商业的本质中来，即通过为消费者创造价值来获取利润回报，在充分满足用户需求的基础上推动企业不断发展壮大。

2.2 消费 3.0：互联网重构零售商与消费者的关系

◎ 消费者 3.0 时代：消费 + 互动 + 生产

随着网络科技的高速发展，尤其是互联网技术为信息传播提供了极大的便利，用户的集体力量在企业的产品设计及生产环节发挥着越来越重要的推动作用。

例如，现在网上的新闻咨询内容有很多来自普通的网络用户，而不是专业记者和新闻编辑人员，在这种情况下，很多主流媒体也开始从网络平台上查询最新信息。

在传统模式下，绝大多数公司通过强化自己的营销手段，使消费者认同自己的产品，从而促进消费者购买自己的产品。然而，现如今再使用这样的方式很难取得成功，多数消费者只有在亲自参与后，才会最终确定能够满足自身个性化需求的产品，并愿意为此支付费用。

若从消费者与企业间的关系来对上述现象进行分析，并依据其经历的变化划分为不同时期，则可用 1.0 到 3.0 三个主要时期来概括。

在 1.0 时代下，产品种类比较少，信息传递的途径也不多，企业占据主导地位，消费者则属于被动接收方，企业推出的产品并不具备多样性，不同企业的产品之间也没有明显的区别，在那个时期实行“计划经济”模式，企业掌握全部的话语权，生产者不必担心自己的产品销售不出去，也不会在消费者需求方面倾注太多的精力。

随着社会经济的发展，消费者需求在企业的运营中占据着越来越重要的地位，这便是2.0时代。

这个时期的信息传递途径逐渐增多，消费者面临更多的选择，消费需求的个性化逐渐显露出来，经营者在产品开发之前需把握市场需求，以免出现自己的产品与市场脱节的现象，与此同时，消费者能够将自己对产品的体验、期待、反馈及不满传达给运营方，作为企业进行后续产品改革的依据，进而推出更符合市场需求的新产品。

在互联网持续发展的影响下，信息传递更加方便快捷，人们能够在网络平台上查询各类信息，消费者与企业之间的关系进入新时期，即3.0时代。

在这个时期，消费者在扮演顾客角色的同时，对参与到企业生产过程中的需求不断提高，原因是在消费者看来，企业的产品设计与生产始终与自己的期待存在差距，其产品始终存在不完善的地方，而另一方面，消费者希望自己的个性化需求能够得到满足，因此，消费者通过深度参与企业的产品设计和生产过程来体现自己的创造价值。

被誉为“未来学大师”的阿尔文·托夫勒①曾用“Prosumer”来描述企业与消费者之间的这种关系，该词取自于Producer（生产者）的前半部分与Consumer（消费者）的后半部分，表示生产者与消费者为一体，现如今的消费者已经从传统模式下的单一角色转而成为两种角色的综合承载体。举例来说，互联网行业中的Facebook、Twitter、You tube、eBay平台等都是用户价值的体现，用户群体是这些企业展开运营的基础。

在很多情况下，用户集体的力量能够产生超出企业原定计划的价值。以宝洁公司为例，该企业在传统模式下采用的是研发模式

① 阿尔文·托夫勒（Alvin Toffler）是世界著名的未来学家，当今最具影响力的社会思想家之一。出生于纽约，纽约大学毕业，1970年出版《未来的冲击》，1980年出版《第三次浪潮》，1990年出版《权力的转移》等未来三部曲，对当今社会思潮有广泛而深远的影响。

（Research and Develop），现如今已改为联发模式（Connect Develop），从中可以看出该公司对用户创造价值的深度挖掘，不仅如此，该公司还允许用户群体链接到自己的软件平台，进一步发挥他们的创新思维。

消费者群体的优势在于掌握更多的生活经验，能够根据实际需求进行产品设计，举例来说，隶属于现代汽车公司（韩国）的车型 Elantra 在我国开拓市场时，缺少合适的品牌名称，为此，该品牌在我国举办了声势浩大的名称征集活动，并为入选者提供该款新车作为奖品，激励广大用户参与，如今该车型以“伊兰特”为广大国内消费者所熟知。

另外一个例子是海尔，该公司曾就自己产品的功能对消费者进行访问，有消费者表示，虽然所有生产冰箱的企业都宣称自己的产品具有强大的保鲜功能，但对他们而言，这种功能无法通过视觉进行感知，为了解决这个问题，海尔推出了“光波增鲜”冰箱，让冰箱的保鲜功能一目了然。

这些例子都能够反映出，消费者的集体力量可以推动企业的发展和产品的升级。

美国《连线》杂志记者杰夫·豪[①]用“众包模式”来描述这一系列商业现象，他认为，在互联网时代下，用户集体的力量要比少数专业人士的思想更具价值。在这种“众包模式”下，广大用户群体能够代替传统的业界精英来帮助企业进行产品的设计、研发、推广等，且公司无须为此投入额外的成本。

实际上，用户群体的力量能够反映出消费者希望参加产品功能改进的一种心理倾向，社会在进步，消费者的消费能力有了很大的提高，同时，他们的参与意识也有所提高，他们很希望能够根据自己的意愿帮助

---

① 杰夫·豪，“众包之父”，《连线》杂志资深编辑。在他 15 年的职业生涯中，杰夫走遍全球，考察各国的市场和行业发展情况，他的报道内容广泛，影响很大。同时，他也为《时代》《美国新闻与世界报道》《华盛顿邮报》等众多报刊撰稿。

企业改进产品或服务，而不是企业在推出产品、服务后，自己全盘接受。公司若能够充分发挥用户集体的创造能力，创设群众参与条件，便能够从中获益。

在消费者群体力量不断增强的趋势下，企业在把握消费者需求的同时，还要进一步提高消费者的参与度，让消费者更多地参与到产品的功能设定、生成以及销售的整个过程中，以便生产出更加符合消费者需求的产品。

消费升级：正在重构的消费者逻辑

微软创始人比尔·盖茨曾指出，与苹果、谷歌这样的大公司相比，更让他害怕和有危机感的其实是那些“异想天开”并在自己车库或大学宿舍中不断做出新玩意的年轻人。因为苹果、谷歌的发展路径、商业模式等都是显而易见的，但那些在车库或大学宿舍中不停“折腾”的年轻人，却很有可能正在颠覆重构现有的商业生态。无论是美国硅谷里众多知名的大公司还是微软自身的发展史，都早已充分证明了这一点。

那么，在这个“不创新，毋宁死”的互联网商业时代，我国企业又该何去何从？从表面上看来，互联网的深化发展普及为各类企业提供了更多的商业机会，然而却没有哪家企业敢保证自身地位的稳固。

正如近些年出现了很多足以颠覆整个市场格局的创新品牌和商业模式一样，在信息革命和消费者需求发生变化的背景下，企业只有对正在重构的消费者逻辑进行深度思考和精准把握，才能在以用户为中心的互联网商业时代真正赢得用户的认同和青睐。

消费者的重构是互联网时代各种创新颠覆的根源所在。具体来看，当前正在重构的消费者逻辑主要表现为：

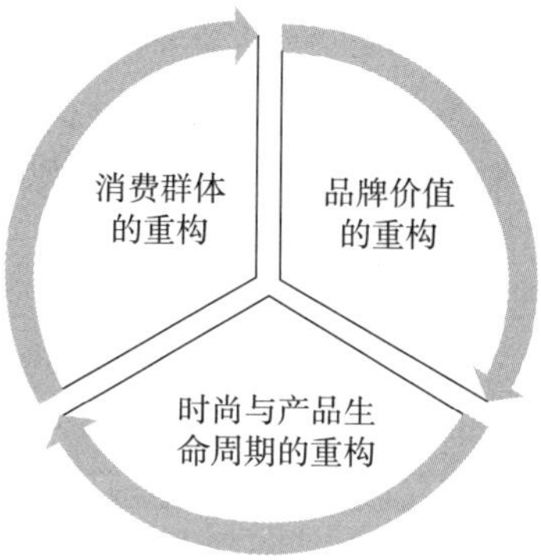

图 2－3　正在重构的消费者逻辑的表现

◆ 品牌价值的重构

微信、微博等各类社会化媒介平台的不断涌现普及，将人们带入了一个社会化媒体时代。与以往主要依靠媒体实现信息传播的方式不同，社会化媒体时代下“人人都是自媒体”，个体成为信息传播、分享甚至是创作的中心。

由此，消费者不再被动地接收信息，而是借助社会化媒体向企业或品牌发出自己的声音，主动参与到信息和产品过程中，并以此获得企业、品牌和媒体更多的关注，实现更高层次的价值诉求。

这就要求品牌将目光转移到消费者身上，借助多种社会化媒介平台与消费者进行持续、深度、有效的交互沟通，围绕消费者重构品牌价值。简单来说，就是品牌将由消费者与企业共同定义和创造，以便更充分地满足消费者的多层次需求。

◆ 时尚与产品生命周期的重构

在互联网商业时代，消费者越发青睐快速时尚的产品，以充分体现自我的个性化特质。例如，不仅每个人都希望自己的穿着与他人区分开来、更具独特性，即便是以往两三年一换的手机，在今天的使用周期也更加短暂，一年甚至半年便会被新品替换。

消费者对快时尚的追求要求品牌创新必须更快，产品的更新迭代速度要能紧跟用户的脚步。特别是在注重自我、追求时尚的“80后”和“90后”逐渐成为社会消费主体的当下，企业更加需要跳出以往的产品创新逻辑，在速度与时尚性方面多下功夫：不仅让产品更加“炫酷”以迎合年轻消费群体的胃口，甚至在上线一款新品时要同时准备几款迭代产品，并在最佳的时机推向市场，以便能够始终吸引消费者的眼光和兴趣，培育品牌的忠实粉丝用户。

◆ 消费群体的重构

移动互联网的发展成熟在打破时间与空间对消费的限制的同时，也使消费群体变得移动化、碎片化、场景化。围绕消费符号和兴趣图谱重构起来的新消费族群，取代了以往按照地理学、人口学特征进行的消费群体分类。

消费群体的精众化细分成为互联网商业时代的重要特质。例如，无论是对文艺感兴趣的小清新群体，还是喜欢健身并愿意为健康投资的精众人群，都能基于自身的兴趣爱好创造出新的垂直细分市场，并成为引爆大众流行市场的重要导火索。

这一变化要求企业重构消费者的定义。对商家而言，消费者身上所拥有的标签远比其有多少钱更加重要；同时，消费者高频出没并有着深度消费诉求的场景，也是商家需要精准把握的内容。

◎ 用户中心：互联网商业的终极定律

◆ 产品娱乐化

“互联网+”是一个泛娱乐化的商业时代，泛娱乐产业快速崛起并渗透到了社会生活的方方面面。当娱乐成为所有人共鸣的元素和平台时，产品的娱乐化也就成为必然。例如，乔布斯用 iPhone 重新定义了手机、用 iPod 重新诠释了音乐，在为消费者带来全新娱乐体验的同时，也推动了苹果的巨大成功。

因此，在泛娱乐化的互联网商业时代，企业既不能像以往那样制度化、模板化地与用户进行交互沟通，也不能只注重产品的功能属性和价值，而应在产品中融入更多的娱乐化元素，并重视营销方式的娱乐化，以便为消费者创造更多意料之外的“惊喜”。

◆ 渠道电商化

以电子商务为代表的互联网平台重构了传统的零售渠道，实现了商品供给两端的精准、高效、多元连接。淘宝、天猫、京东商城等各类电商平台的快速崛起，造就了阿芙精油、韩都衣舍、小狗电器、麦包包、七格格等一批极具影响力的消费品牌，从而大大压缩了传统零售企业的生存空间，推动了传统零售企业的“触网”。

电子商务重构了人们的消费形态，使人们越来越青睐于通过互联网渠道平台进行蔬菜、大米、服装等日常生活用品的采购。同时，随着我国互联网基础设施的进一步优化完善，电子商务将拥有更大的发展想象空间。

对国内企业和品牌来说，需要以更加开放创新的思维和心态迎接新的互联网商业时代的到来，积极主动地融入电子商务的大潮中，运用互联网思维、技术、平台和工具对传统渠道进行重构，以便更好地应对市场和消费方式的快速变化，并在此过程中找到新的发展思路和机会。

◆ 注意力经济时代的来临

移动互联网和智能终端硬件的发展普及推动社会进入多屏时代，而多屏化、跨屏化的发展必然会导致信息传播方式的变革：人们的眼球已很难长久地停留在一个内容或屏幕上，商家对消费者注意力的获取和留存越来越困难。

数据显示，大约 33% 的人在观看电视节目的同时会玩手机；同样，一个显而易见的趋势是，越来越多的人在公交或地铁等上下班途中会盯着手机屏幕。对商家而言，这意味着以往集中在某个固定时间或场所进行营销推广的做法正在丧失效用。企业需要基于消费者注意力的重构，更加精准地定位能够聚焦人们目光的碎片化场景，打造更有效的多屏整合营销模式。

其实，产品、渠道、注意力等诸多方面的重构，归根结底都是消费者的重构，是“互联网+”时代下对消费者的重新定义和定位。企业、媒体在做产品和营销时不能只关注自我，更要深刻理解和把握以用户为中心的互联网商业逻辑，把更多的目光和精力放到消费者身上，重构与消费者的关系，通过弱化甚至消解以往对生产者、流通者、消费者的角色区分，与消费者建立起“我们”关系，从而赢得消费者的认同和忠诚。

2.3 新零售环境下，传统零售企业的谋变与破局

◎ 变革一：传递全新的品牌价值理念

近年来，随着网购、出境游的普及与发展，世界各国之间的商品流通更加快捷方便；年轻一代的经济收入和消费水平逐步提高。与此同时，信息技术推动了企业供应体系和商业模式的改革升级，在这种形势下，消费者对零售商的期待也逐渐上升。

然而，现如今，仍然有相当一部分国内传统零售企业固守传统的运营模式，并未对内部的生产和经营环节进行改革。

从这个角度来分析，现阶段国内传统零售行业的弊端主要体现在，虽然总体的经营环境已经发生了改变，但由传统零售企业提供的商品与消费者需求之间还存着许多矛盾。在这种情况下，零售企业必须要对传统模式进行变革与创新。

面对激烈的竞争，零售企业应该采取哪些措施来体现自身的优势所在？是通过装修店面来改善自身形象，为消费者举办优惠活动？还是合理设置商品种类，提高运营效率？抑或是拓展销售渠道，为消费者提供货品直达服务？立足于我国现阶段零售企业所采取的措施来分析，这些方法确实都是有效的。

因为经济下滑成为总体趋势，部分奢侈品也开始打折促销，在这种情况下，国内固守传统模式的品牌必定会出现增长减缓甚至是倒退的现

象。随着城市化的进一步开展，加上人们的消费水平不断提高，越来越多的商家开始注重店面装修，希望以此来吸引顾客。

像ZARA、H&M、无印良品这一类的快时尚品牌，不仅外观精美、设计精良、品类丰富、囤货较少，其价格也不是很高，在很多国家受到消费者的青睐，从中能够体现出这些品牌的经营者对世界整体消费走向的把握。事实证明，年轻人也可以品味时尚；在具备高性价比的同时，又符合时代潮流的商品也是存在的。

与传统零售行业相比，如今的零售业已经发生了很大的改变，面对激烈的竞争，企业领导者需要把握消费者的内在需求，这样在打造优势方面，才能从众多同类企业中脱颖而出。

近年来，越来越多的品牌开始依据全新消费走向进行自身改革，具有代表性的例子有：太平鸟开始突破传统模式，寻求服装风格的转换；时尚休闲百货品牌名创优品，为消费者提供高性价比的产品；北欧设计师快时尚品牌KM①致力于为年轻消费者提供优质生活用品等。

上述品牌的业务不断拓展，并在短时间内取得了突出业绩，说明企业经营者要适应新零售环境，就要改变传统的价值理念，使自己的产品同时满足消费者在外观、质量、服务、性价比等多方面的需求。

沃尔玛的创始人山姆·沃尔顿认为，企业经营者是为顾客服务的，为消费者提供价格低廉的产品是他们的任务与职责，也是零售企业运营的目标。如今，身处新零售环境下的消费者更加注重产品质量，因而，零售企业经营者在为消费者提供低廉产品的同时，还要保证产品具备高品质。

① KM是KILO&METERS的简称，是源自北欧丹麦的设计师快时尚品牌，主要经营销售服装、鞋履、配饰和各种优质生活用品，集研发、设计、供应、销售于一体。

◎ 变革二：突破传统经营模式的桎梏

传统零售企业多采用租赁与联营两种方式，为了提高自身运营的安全性，它们会要求品牌供应商承担风险。与此同时，品牌商在与代理商及分销商合作的过程中，会要求对方提交押金，独立经营并承担后果。

现如今，零售环境已经发生了很大的变化，传统模式下的合作理念及合作方式与时代需求已经脱轨。品牌商与分销商之间时常发生矛盾与纠纷，例如，部分服饰代理商不再按照品牌商的要求在预定货品时缴纳押金。

当零售环境发生变化时，零售商应该从哪些方面进行改革，使自身经营模式符合时代需求呢？越来越多的品牌商会选择与合作企业建立共赢关系，加强与对方的联系与互动，在经营过程中共同努力。

在这方面具有代表性的企业是名创优品①，这个品牌只用了几年的时间，就在世界各个国家设立了上千家连锁店，之所以能够获得如此快速的发展，离不开企业对供应链的把控和产品的高性价比，以及经营者对市场发展趋势的洞察。

许多企业在快速拓展过程中，会因加盟商本身存在经营方面的短板，给企业的后续发展带来阻力，名创优品在这方面推出了全新模式，实施“财务加盟”方式，加盟商进行投资之后，除商品所有权与门店收益权之外，并不涉及门店的经营，无须负责其日常经营，但能够获得该店 40% 的营业额，用这些资金保证门店的正常运营。

站在消费者的角度来考虑，他们并不介意店铺是不是本土的，而是更关注商品的外观、质量及价格。

名创优品通过这种方式，能够有效避免因加盟商经营能力不足影响

---

① 名创优品是日本快时尚设计师品牌，总部位于日本东京，由设计师三宅顺也先生创办，是全球“时尚休闲生活优品消费”领域的开创者。

品牌发展的情况。不仅如此，还能统一管理各个门店的商品销售情况，据此优化自身的产品供应体系。投资者提供资金支持，运营方进行专业经营，以此来加速企业的整体运转，降低运营风险，避免投资浪费，并提高自身的竞争力。

除名创优品之外，KM 也是这方面的典型代表，该品牌主打优质时尚快消产品，包括服装、鞋、装饰品等等，涵盖研发、设计、供应、销售各个环节，能够让消费者以低廉的价格购买到北欧风格的优质商品。

不仅如此，这些产品还非常注重设计，这对消费者而言代表着较高的生活品位，因而受到很多人的追捧。从经营模式上来分析，KM 与名创优品存在共性之处，都是将投资与经营独立开来，加盟者不涉及店面管理与运营，所以，KM 迅速在国内市场崛起，并在多个城市开设了连锁店。

尽管零售行业整体发展并不景气，但名创优品与 KM 仍然能够拔得头筹，这与它们采用的全新经营模式有很大的关系。

另外，阿里与银泰达成战略合作关系后，试图通过运营买手制的品牌集合店来汇集优秀品质、低成本消耗的商品，这反映出企业对其大数据应用系统抱有十足的信心。在今后的发展过程中，零售行业长期以来实行的完全租赁或联营方式都将被打破，如此一来，品牌厂商就不会再因为商品出售困难而面临经营压力，在新零售时代下，若品牌商提供的商品在质量上有保证，并具有设计感，拥有专业经营能力的分销商就会受到吸引，主动寻求合作。

在新零售模式下，品牌厂商无须再面临传统联营或租赁模式下出现的种种问题，如经营成本的控制、风险管理等问题，只需采取相应措施，与采用创新经营模式的零售商达成良好的合作关系即可。

变革三：实现全渠道商业战略转型

近年来，电商平台纷纷崛起，给传统零售企业的发展带来巨大冲击，对此，传统零售企业应该通过全渠道战略来改善当前的局面。

不容忽视的一点是，当外部环境的变化使传统行业发生根本性变革时，身处其中的传统企业很难通过采取部分完善措施来挽救自己，如果不能及时转型，一味寻求局部变革，反而会面临被市场淘汰的危险。以下几个例子可以印证这个结论。

当个人电脑产品迅速崛起时，美国知名家电零售企业 BestBuy[①]（百思买）出于抢占发展先机的目的，开设“电脑事业部”，将电脑销售搬进自家卖场，还为其腾出更多的空间，以期获得消费者的青睐。但是，“美国电脑城”凭借专职经营电脑产品的优势逐渐成为该领域的市场霸主，BestBuy 的电脑销售业绩也一路下滑。

以亚马逊为代表的电商平台的崛起，使连锁百货公司梅西百货的经营发展面临巨大压力。面对竞争，梅西百货尝试采用自营买手模式，并实施全渠道战略，与此同时，细化自身的市场定位，突显自身的独特性。但事实证明，尽管该企业采取了一系列挽救性措施，但相较于之前的繁盛时期，已经有上百家实体店停业，从线上渠道的运营情况来分析，梅西百货也无法与以亚马逊为代表的电商平台相提并论。

沃尔玛在发展过程中也存在类似的问题。世界性连锁企业沃尔玛的营业额居于全球榜首，在实体零售业拥有无可撼动的地位，然而，该企业从 20 世纪 80 年代中期以来经营的线上业务，始终未取得突出业绩，其发展速度也非常缓慢，远不如阿里巴巴、亚马逊呈现出来的迅猛发展势头。

银泰网的全渠道应对策略在实施过程中也面临难题。该平台在 2010 年正式投入运营，虽然前两年的增长速度很快，能够比上一年提高 2 倍，但等到平台营收达到 10 亿元之后，就没有取得突破性进展，

① BestBuy 于 1966 年成立于美国明尼苏达州，目前是全球最大的家用电器和电子产品零售集团。

其运营重心仍然是线下销售。

企业在经营过程中，不能只着眼于当下，而应该将目光放长远，在把握行业发展趋势的基础上，提前考虑到今后可能发生的问题和风险，制订出完善的应对计划，并综合考虑各方面因素，结合企业自身当前的发展情况，步步为营，打下坚实的基础。

从实体零售企业自身的发展角度来说，拓展线上渠道，为消费者提供了更多的服务途径，但实际上，有可能实体零售企业并不擅长线上业务的运营，只是为了不被竞争对手落下才推出线上业务的，这种方式很难使其获得突破性进展。所以，传统零售企业要想进行创新，就应回归到根本，改变原有的使命承担。

举例来说，沃尔玛于2016年8月将电商平台JET纳入麾下，双方交易完成之后，任命JET的开创者接管沃尔玛的电商业务。

JET的创始人Marc Lore（马克·劳尔）有着于众不同的创业经历，他早期创办的电商平台被亚马逊收入囊中，之后又开创了JET平台，成为沃尔玛的组成部分，并担任其网络主管，虽然两者都在发展电商业务，但JET的使命是明显区别于沃尔玛的。对沃尔玛而言，该公司推出电商业务，是为了拓展自己的销售渠道，其使命仍然是为消费者供应质优价廉的产品；但Marc Lore运营电商平台的使命则是与亚马逊一较高下。

◎ 变革四：借数据管理提升购物体验

随着新零售时代的来临，线上与线上逐渐融合，零售业的营销模式逐渐从以产品为中心向以用户体验为中心转移。面对这种产业转型升级之态，零售企业的经营发展需要解决很多问题，如如何收集收据，如何对数据进行分析，如何控制库存等等。零售企业要发展，就必须借助新科技手段解决这些问题，使用户的购物体验得以有效提升，朝着“智慧零售”的方向稳步发展。

◆ 做好终端数据管理

未来零售企业要想稳步发展，必须能灵活运用大数据技术，对客户数据、商品数据等进行分析和利用，以控制库存、优化营销策略。大数据分析利用的前提是有效地收集大数据。

目前，实体零售企业收集数据的方法是终端数据收集，也就是借助实体店铺的免费 Wi-Fi 认证进行数据收集。这种方法虽然使用方便，但是由于店铺不能做好终端数据管理工作，使得数据收集失效。大数据不能实现有效收集让很多零售企业倍感焦虑。

2016 年 11 月，第十八届中国零售业博览会在苏州召开。在这次会议上，得利捷公司展示了一款名为 Joya Touch 创新型多功能移动数据终端，为零售企业的大数据收集提供了一种新方法。

借助 Joya Touch，顾客在商场的购物行为、商品选择等信息能够及时地被记录下来并反馈到终端。商场或者超市依据这些反馈信息能有针对性地为用户提供服务。同时，利用 Joya Touch，商家还可以将商品信息、品牌信息、促销信息直接传达给顾客，将大数据营销变成现实。另外，利用 Joya Touch，商场管理人员还能轻松地进行补货、管理商品库存、管理商品价格、有针对性地进行降价促销等。

除用途广泛之外，Joya Touch 各种功能的设计也都非常人性化。首先，Joya Touch 的体型非常小，有两种外形可供客户选择，一种是手持式，另一种是枪柄式，能够满足用户在各种场合的需求。其次，Joya Touch 采用的是无线充电技术，可连接蓝牙、触屏点击等，应用非常便捷，吸引了很多零售企业的关注。

◆ 自助服务提升购物体验

在商场、超市购物，有一个困扰客户已久的问题就是结账要排队等待。如果遇到周末、节假日，商场和超市的客流量非常大，面对长长的结账队伍，很多顾客甚至会放弃购物计划，使商场、超市在无形中失去很多客户和订单。因此，在新零售时代，零售企业亟须建立一种高效的结账方式，提升结账付款效率，让用户真正实现自助购物，给用户带来不一样的购物体验。

上文提到的 Joya Touch 就能很好地满足零售企业的这一需求。借助这一应用，商场及超市的工作人员只需对用户需要购买的商品进行扫描，打印出超市及商场专用的小票，到收银处让收银员扫描小票付款即可。如此一来，顾客在付款结账的过程中省去了长长的等待时间，结账付款效率大幅提升，带给了用户极致的付款体验，使用户的满意度得以有效提升。

另外，为了充分满足顾客的自助购物需求，得利捷公司还推出了 Self-Shopping，一个关于自助购物的解决方案。借助这个应用，顾客可以使用个人扫描终端，在商场和超市购物过程中对商品进行自助扫描，在会员管理系统和促销管理系统的双重作用下，有针对性地为顾客传达商场或者超市的商品信息，以实现定制化营销，并帮助顾客完成自助付款。

借助此类的应用，实体零售企业不仅能通过缩短付款时间、简化付款流程来提升顾客的结账体验，还能实现定制化营销、精准营销，提升顾客的购物体验，进而提升顾客的满意度和忠诚度。

◆ 智能仓储物流推动线上、线下融合

在新零售时代，线上、线下与物流的融合是大势所趋，用户线上下单、线下取货；线上下单、物流送货上门；线下购物、送货上门等服务成了顾客的必然选择。在这种情况下，如何降低物流配送成本、提升物流配送效率成了零售企业和物流企业要解决的重要问题。

借助得利捷开发的固定式工业条码阅读器、机器视觉系统等应用，这一问题得以有效解决。利用 NVS 系列或 DS/DX 系列，在商品分拣和输送的过程中能有效地收集数据，对商品采购、商品运输、商品储存、商品配送等环节进行集中管理，疏通各个环节，简化物流运输流程，降低物流运输成本，提升物流运输效率，从而满足顾客“即买即收”的需求，提升顾客对物流的满意度。

此外，为了满足生鲜冷库的自动分拣、自动化储存的需求，得利捷开发的 FalconX3 + 移动数据终端和 DS2400N、DS4800 固定式工业条码阅读器都具备很好的耐寒性。其中，FalconX3 + 终端能适应的工作温度可低至 -20℃，DS2400N、DS4800 能适应的工作温度可低至 -35℃。

总之，先进技术和社保的应用，为零售与物流的融合提供了一系列解决方案，满足了自动化仓储、分拣与配送的需要，为零售和仓储智能物流的跨界融合提供了方法与思路，有效地提升了顾客的购物体验，满足了新零售时代对线上、线下与物流融合的要求。

◎ 好市多的逆袭：实体零售的经营秘诀

沃尔玛能够取得成功的关键在于其严格控制商品品质，并采取低价运营策略，当时零售行业的毛利率普遍为 40% ~50%，而沃尔玛的这一数字仅有 22% ~23%，在多年的发展过程中，沃尔玛的低价运营策略始终未曾改变。

1983 年，经过 20 多年的发展，沃尔玛成为世界上最大的零售企业，而当时美国的零售巨头好市多[①]（Costco）刚刚建立第一家线下门店。然而 2015 年底，业内市场研究机构发布的数据显示，好市多已经成为全球第二大零售商，是沃尔玛不容忽视的一大主要竞争对手。

---

① 好市多是美国最大的连锁会员制仓储量贩店，目前在全世界经营数百家卖场，商品种类繁多。会员有许多专享的服务与权益。

具体来看，好市多能够在短时间内快速成长为零售巨头的原因主要包括以下几个方面：

◆ 盈利全部来自于会员费

好市多作为一家会员制仓储超市，对进入其中的消费者存在一定的限制，只有成为其注册会员或者和会员一起的顾客，才能购买好市多提供的优质产品。在好市多管理团队看来，商品所创造的收益只需要能够维持日常的运营管理费用即可，可以通过会员费来完成价值变现。

好市多的会员包括执行会员与非执行会员两种，据公布的数据显示，在美国及加拿大地区，好市多执行会员收费价格为 110 美元/年，非执行会员这一数字为 55 美元/年。二者的差异在于执行会员可以享受全年销售额 2%（750 美元封顶）的返现以及更多的优惠活动。

目前好市多全球付费会员人数超过 8103 万人，美国及加拿大地区的好市多会员续签率为 91%，全球好市多会员续签率为 87%。好市多对商品品质和质量有着严格的要求，再加上极低的毛利率与优质的服务体验，在消费者心中有了强大的品牌影响力。

和零售巨头沃尔玛及家乐福追求“大而全”相比，好市多是典型的“小而美”。通常情况下，一个好市多超市门店的商品品类约为 4000 种，而且一个品类通常仅有 2～3 家品牌，好市多的自建品牌在其中占据了较大比例，这些产品质优价廉，基本能够满足普通消费者的日常需求。

好市多的产品品质及质量赢得了广大用户的一致认可，在好市多超市中，人们想买什么就买什么，不需要像在普通超市一样花费大量的时间在多个品牌中挑选。很多好市多自建品牌推出的产品成为爆款，如好市多的烤架烤鸡在 Facebook 平台拥有专属页面。目前，好市多平均每年出售的烤架烤鸡达到 6000 万只，价格仅为 4.99 美元/只。无论零售行业未来会发生何种变革，其为消费者提供优质商品的本质都始终不会改变。

◆ 平均毛利率相对较低

在严格控制商品品质和质量的同时，好市多还将毛利率降到了极低的水平。和以低价著称的沃尔玛相比，好市多的毛利率还不足沃尔玛的50%，这使得好市多为消费者提供的产品在价格方面具有较大的优势。在零售领域，价格始终是影响消费决策的重要因素之一，消费者对家庭使用的日用百货的价格尤为敏感。

好市多能够在极大地压低产品价格的同时，为自身创造足够的利润就在于其会员制模式，好市多规定旗下的门店所经营的产品毛利率不得超过 14%。对绝大多数的零售企业而言，管理层每天所做的大量工作，都是为了尽可能地提升商品的毛利率，而且通常企业会为商品设置最低毛利率，低于该数值的商品需要向管理部门申请。好市多则完全与之相反，产品的毛利率一旦超过 14%，就必须向企业管理层申请。

对于好市多而言，价值变现主要依靠会员费用，商品创造的利润只需要能够维持企业运营及管理即可。由于对最高毛利率进行了限制，企业不需要在降低成本、提升运营效率等方面花费过多的资源，这种和大多数零售企业存在明显差异的运营理念，也是好市多能够取得巨大成功的关键所在。

◆ 只销售最优质的产品

好市多只提供最优质产品、深库存的运营方式极大地提升了单品的采购量，从而在与供应商进行谈判时拥有较高的话语权，使商品的库存成本和管理成本得到有效控制，为其实施低价策略提供了强有力的支撑。此外，好市多还会通过多种方式尽可能地压低产品价格，如去掉中间环节和生产商合作、很少投放广告、控制店面装修成本等。

在服务方面，好市多同样做到了极致，它在为消费者提供优质完善的售后服务的同时，更提供3个月内不满意即可退货服务，那些由于更新迭代十分频繁而降价十分迅猛的电子产品也能享受这种服务，这种做法让好市多会员及诸多竞争对手感到了强烈的震撼。

低价优质的商品，再加上极致的服务，使好市多会员产生了强烈的归属感和信任感，甚至很多好市多会员表示有时会对自己在好市多购物感到羞愧，因为自己占了很大的便宜。

人们普遍认为，电商平台的运营效率比传统企业要高，但好市多却颠覆了人们的认知，以库存周转期为例，好市多的库存周转期通常不到30天，亚马逊的库存周转期为40～50天，以3C、家电等库存周转期相对较短的产品为主的国内电商巨头京东的这一数字约为35天。

虽然电商给传统零售企业带来了巨大冲击，社会各界对于传统零售企业的发展前景感到深深的担忧，但好市多的交易额却以较高的速度保持稳定增长，考虑到好市多高达数千亿元的年交易额，这是一个相当难实现的壮举。资本市场对好市多也给予了充分认可，据公布的数据显示，近10年好市多股价增长了将近400%，在全球经济长期低迷的背景下，好市多实现了逆势增长，包括小米创始人雷军、“股神”巴菲特在内的企业家都对好市多给予了高度评价。

第 3 章

零售O2O：电商与实体从对抗走向大融合

3.1 零售的本质：构建以消费者为核心的 O2O 体系

◎ 线上渗透：电商布局零售 O2O 的方法

我国传统零售业的发展一直以来都是依托巨大的人口红利的。在互联网的冲击下，零售业的这种人口红利正在消失，传统零售商也感受到了“死亡威胁”，都在努力探寻出路，O2O 成了众人关注的焦点。

但是，从目前的情况来看，无论是电商，还是实体零售商，在践行 O2O 模式方面都遇到了很多困难。无论如何，零售业终究要回归到其本质，将消费者视为核心，并以此展开布局。只有如此，零售商才能得以生存并发展。

在 O2O 模式推广应用方面，电商是主体。因此，电商企业顺应形势进行 O2O 布局也在情理之中。对于电商来说，它们在价格方面有实体店商不可比拟的优势，但其痛点也有很多，如用户体验不佳、售后服务缺失等等。O2O 模式则恰好能解决这些问题，帮助电商打造零售产业链闭环，提升消费者信心，从而推动电商更好的发展。目前，电商布局 O2O 的方法主要有三种。

◆ 在线下开设自营体验店

与网上商城同步，在线下开设自营体验店是电商线下布局最常用的

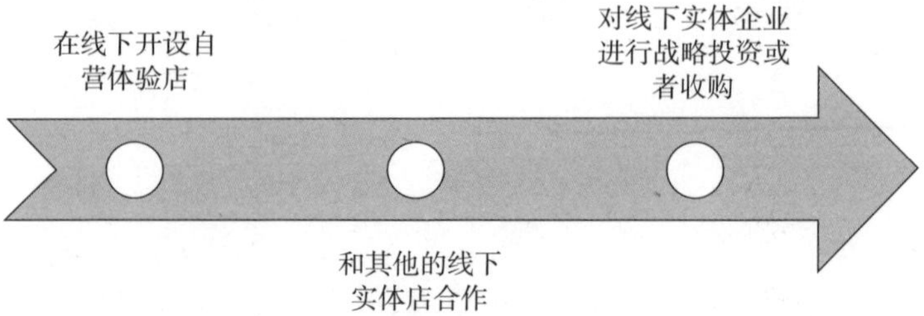

图 3－1　电商布局 O2O 的三种方法

方法。目前，布局线下体验店的电商越来越多，如梦芭莎在广州、上海、江苏等地开设的线下体验店；淘宝商城开设的家装线下体验店——“淘宝商城·爱蜂潮”；聚美优品在北京开设的前门旗舰店；京东商城的新加坡唐城坊线下体验店；等等。

整体来看，这些实体店布局的主要目的不是产品营销，而是产品展示、品牌展示、用户体验。在这些线下实体店中都设有终端查询机，顾客可以查询商品价格并进行比较，产品价格基本上与线上商城的产品价格一致。线下实体店的营业员可以为顾客提供咨询服务、线上订货服务、下单付款服务、线下取货退货服务等，还会定期举办营销活动，来增强商城与消费者的互动，借此来解决电商售后服务缺陷、用户体验不足等问题。

◆ 和其他的线下实体店合作

相较于线下布局实体店来说，电商和线下实体店合作布局 O2O 所耗费的成本要少很多。最典型的案例莫过于阿里巴巴联合华联、银泰等五大零售百货集团打造的“手机淘宝 3·8 生活节”。在这个活动中，参与活动的线下品牌专柜达 1500 多个，受低价补贴的诱惑，顾客纷纷尝试线上付费、线下消费这种 O2O 模式，为阿里巴巴切入本地生活服务奠定了良好的基础。

当然，除阿里巴巴之外，京东也与唐久便利店、万家便利店、北京华冠购物中心达成合作，以进入 O2O 完成线下布局。在这种合作模式下，在与电商合作的实体店中均设置二维码，线下消费者通过扫码就能完成下单、付款，从而实现线下到线上的引流，推动线下与线上形成良好的互动。

◆ 对线下实体企业进行战略投资或者收购

对于电商来说，O2O 模式能否成功应用与其线下资源的整合和掌控能力密切相关。相较于电商与线下企业合作这种模式来说，电商对线下实体企业进行投资或者收购能有效提升电商对线下资源的整合和掌控能力。

因此，对于电商企业来说，采用这种方法能够更快、更直接地切入 O2O。目前，采用这种方式布局 O2O 的电商企业有很多，如腾讯投资华南城、阿里巴巴收购银泰百货等。

◎ 线下转型：实体零售 O2O 全渠道布局

相较于线上电商企业的主动渗透来说，零售实体企业在 O2O 面前则显得非常被动。在生死存亡之际，实体零售企业不得不选择 O2O 进行转型。从这个角度来看，实体零售企业的被动转型发展之路要比电商的主动探索更为艰难。

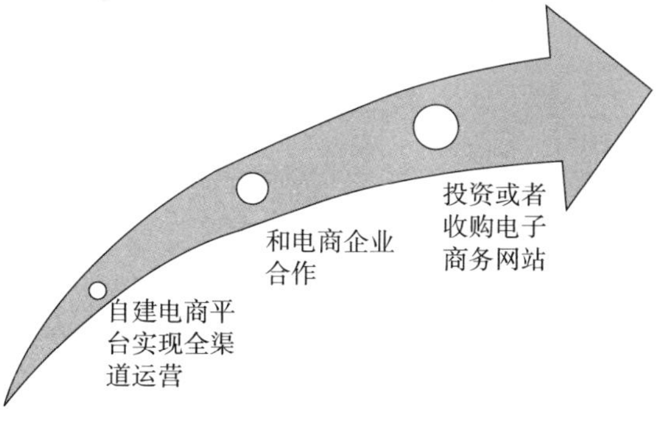

图 3－2　实体零售企业的 O2O 模式转型

从目前的形势来看，实体零售企业的O2O模式转型可以分为三种。

◆ 自建电商平台实现全渠道运营

2010年，苏宁易购上线，这是苏宁电器自建的电商平台。之后，苏宁又实行了“去电器化”战略，在线下布局了苏宁Expo超级店，来经营全品类商品，以实现线上电商平台和线下实体商城在产品、价格、物流方面的全面开放、协同共享，以推动两个平台同步发展。

除苏宁之外，王府井、银泰、银座等百货集团也建设了电商平台，进行转型发展。

◆ 和电商企业合作

电商与线下实体零售企业合作，这种合作是双向的。例如，阿里巴巴和大型百货集团的合作，京东和唐久便利店的合作，上品折扣与微信的合作等。

在这种合作模式下，由于实体零售企业布局O2O的主要领域在市场营销方面，因此线上、线下互动的全渠道运营难以实现，客户体验不佳，使得具体实践效果不好，这种方法难以实现持续应用。

◆ 投资或者收购电子商务网站

2012年，苏宁全资收购红孩子（一家母婴B2C平台），之后，将红孩子引入苏宁实体店中，以推动其“去电器化”战略的开展。同样在2013年，沃尔玛对1号店进行增资扩股，将其持股比例提升到了51%，掌握了1号店的全面控股权，以规避自建电商网站所出现的各种问题，从而更好地布局O2O。

从线上到线下：运营管理与资源把控

在美国排名前10的电商中，九成的电商都涉及线下业务，只有一家是纯电商。从这个角度来看，无论是线下实体零售企业，还是线上电商，O2O都是未来的发展方向。但是我国的O2O与美国的不同，美国

O2O 模式的主要践行者是实体零售商，而我国却是电商。

因此，对于我国电商和实体零售商来说，O2O 模式的应用和推行是没有经验可依的，只能在摸索中前进。在这个过程中难免会遇到各种问题，如渠道冲突、物流交付、跨界管理等，这些问题在被迫转型发展的实体零售商身上表现得会更加明显。

对于零售企业来说（包括电商和实体零售企业在内），O2O 模式的推行不免要涉及以下几大问题——商品信息呈现、售前配货、下单支付、物流配送、售后服务，只有将这些问题解决，将这几个环节串联在一起，才能使 O2O 模式得以践行发展。在这些问题中，最关键的问题就是如何打通产品供应链和物流体系。要想解决这些问题，首先要解决库存管理问题和订单管理问题。

因为在全渠道销售模式下，客户订单既可以从任何一个零售场所产生，也可以指向任何一个库存点要求商品出库。在这种情况下，为了防止订单混乱，零售商就必须对订单和库存进行统一管理。此外，还要保证无论客户数据从哪个渠道获得，其结果都应是相同的，以免使客户体验产生较大的差异。

而从我国目前零售企业的发展现状来看，电商企业自建的线下实体店只注重体验，其供应链体系不完善；线下实体零售企业的供应链虽完善，但是面对海量的线上订单却显得心有余而力不足。

也就是说，线上电商和线下店商的供应链体系和物流体系还处于各自为政的状态，无法支持全渠道销售模式的运行。因此，线上电商和线下实体的融合势在必行，但是在融合过程中也不免会引发各种问题。

通过上述分析可知，电商企业布局线下实体店的方法主要有三种，一是自建，二是合作，三是控股或者参股。对于自建实体店的电商来说，在店铺的运营管理方面总会出现较大的差错。对于与实体店商合作或者对实体店商控股的电商来说，在资源把控方面总会出现较大的问题。运营管理或者资源把控，电商不得不在二者之间做出选择。

◆ 体验店运营管理

目前我国电商布局的线下实体店多属于体验店，其主要功能是产品展示而非产品营销，受体验店这种非营利性特征的影响，再加上线下体验店运营成本的增加，使得各大体验店难以生存，更遑论发展。

从目前各体验店发展的实际情况来看，盈利模式不成熟是限制其发展的重要原因，也是电商 O2O 模式推行的最大难点。再加上线下体验店要发展，就必须解决店铺装潢、空间布局等诸多问题，这些问题对于传统的实体零售企业来说不算难事，但对于电商来说却是一大难题。

◆ 合作方资源把控

各大电商能对各电商平台上的资源进行有效把控，但在与线下实体店商合作或者控股、参股的模式下，对合作方的资源把控明显处于劣势。

举例来说，2014 年淘宝举办了“手机淘宝节”，这次活动对于淘宝试水 O2O 模式来说具有重要意义，淘宝在这个活动上投入了大量资源，但效果却明显不好。

究其原因，主要是相较于淘宝平台、天猫平台对商家的掌控能力来说，阿里巴巴对线下店商的掌控能力明显不足。因此，对于电商来说，不能对合作方的资源进行有效把控是限制其践行 O2O 模式的又一痛点。

◎ 从线下到线上：重构传统零售店模式

电商的线下布局是主动探索，而零售实体企业的线上布局却是被迫的。因此，零售实体企业的 O2O 转型发展之路面临的问题也就更多，从战略、模式、人才到流量、体验和管理无一不是阻碍。

◆ 战略

在 O2O 模式践行发展方面，国内的实体零售企业并不是主力，它们都是在生死存亡关头被迫做出的选择，并没有完善的发展战略。从目前的情况来看，实体零售企业自建的电商毫无竞争力可言，采用与电商合作的形式布局 O2O，主导者是电商，实体零售企业只处于从属地位，没有长远的发展规划。

因此，对于实体零售企业来说，要想更好地布局 O2O，就必须形成以自己为主导的 O2O 战略，必须从电商系统中脱离出来，将营销依赖转变为真正的销售。

◆ 模式

21 世纪初，联营模式下发展起来的百货商场可谓是零售业领域的霸主，但在互联网经济环境下，其面对电商的冲击也毫无招架之力，而联营模式也成了百货商场 O2O 转型发展的最大制约因素。

其原因在于要想借助 O2O 模式转型发展，零售企业必须能掌控库存，对消费者的消费行为、消费习惯、消费偏好等信息有充分的了解，但百货企业在这两方面都有所欠缺。另外，受联营模式的影响，商品价格较高，使得线上商品价格与线下商品价格的冲突较为严重，这成为 O2O 模式践行的又一难题。

◆ 管理

在运营方式变革的过程中，管理制度必将受到极大的挑战。如若实体零售企业完成 O2O 转型，消费者线上下单、线下体验，实体店导购员就无法获得提成，其利益受损必将导致服务质量下降，从而使消费者的购物体验受损。

另外，在 O2O 模式下，线上业务都是由计算机运作的，实现全渠道运营的前提条件是拥有标准化和规范化的业务流程。而目前大多数实体零售企业的业务开展深受业务员主观因素的影响，制度和规则不规范，信息化系统不完善，使得 O2O 模式的践行受到了很大的影响。

◆ 人才

虽然电商和实体零售同属于商品零售行业，但其在渠道、营销、物流等领域的差异都非常大。实体零售企业要实现 O2O 转型，布局线上渠道，就必须改变管理理念，调整组织结构，优化管理团队，这些改变的关键就是要引进电子商务人才，并引进完善的人才管理机制，以激励人才在实体零售企业的转型发展中发挥应有的效用。但目前实体零售企业引进人才的意识薄弱，投入也不足。

◆ 流量

对于电商来说，入口和流量是最熟悉的两个名词，在运营方面也是驾轻就熟，但对于实体零售企业来说则恰好相反。很多线下大型的百货零售企业，它们自建的电商平台与淘宝、京东等电商平台根本无法相提并论，无论是浏览量还是销售额都不免令人唏嘘。

拿王府井百货自建的网上商城来说，这个网上商城的日均访客量为 7800 人，日均浏览量为 24280 人，日交易额不足万元。对于王府井这样一家大型的零售企业来说，这样的成绩显然不够理想。

事实上，很多实体零售企业的网上商城都是如此，不仅没有在 O2O 转型发展方面发挥出应有的作用，还成为限制实体店商转型发展的一大障碍。

◆ 体验

很多实体零售企业的 O2O 布局都离不开以微博、微信为代表的互联网产品。但这些互联网产品的应用场景和体验流程却是规定好的，实体零售企业在应用过程中没有对自身定位、商品组合、消费人群等因素进行综合考虑，缺乏个性，也没有做到人性化设计。

而实体零售企业践行 O2O 模式的主要目标就是要提升消费者的购物体验，要想实现这一目标就要以消费者为中心进行产品运营，以实现利润的持续增长。显然，实体零售企业现有的做法与这一目标是背道而驰的，使得体验成为限制实体零售企业 O2O 转型发展的又一难题。

◎ 零售的本质：一切以客户价值为依归

在世界范围内，但凡跨越较长的时间维度依然保持稳定增长的零售企业，除拥有成功的营销模式之外，一定是秉持至高的客户价值。对于零售 O2O 来说也是如此，它真正的价值不在渠道，而是客户。

因此，对于所有的零售商（线上电商、线下实体店）来说，围绕消费者需求，从商品呈现、库存配货、消费体验、下单支付、物流配送、售后服务等环节全面提升服务水平，形成产业链闭环，才能真正实现 O2O 模式的落地发展。

现如今，线上电商和线下实体店之间的成本差距越来越小，商家为了提升自己的竞争力都将目光聚焦在了客户体验方面。在这种情况下，面对电商的冲击，实体店也未必只有“死亡”一条路。

如果实体零售企业能够明确自己的发展目标，大力引进电子商务人才，想方设法提升客户体验，积极从技术应用、供应链管理、基础设施和粉丝服务方面寻找突破口，或在 O2O 布局方面占据领先地位也未可知。

◆ 技术应用

技术是一切变革的起点，零售企业 O2O 变革也是如此。在 O2O 全渠道营销战略下，有一个关键设备——智能终端，这个设备的普及应用将能使消费者体验在各渠道间实现无缝跳转。当然，要想带给客户优质的全渠道体验仅依靠智能终端是不够的，还需要 Wi-Fi 定位、iBeacon 等室内定位技术的辅助。

例如，借助室内定位技术，用户在购物过程中可以随时对感兴趣的产品位置进行定位，并计算出距离，为用户提供导航服务，以提升用户的购物体验；同时，该技术还能帮助企业进行产品分析，优化产品布局。此外，该技术能够将产品营销信息有针对性地发送到消费者的手机上，以实现精准营销。

实践证明，如果没有相关技术应用的支持，实体零售企业的 O2O 模式就只能流于营销层面，不能深入展开。

◆ 供应链管理

在全渠道运营模式下，随着交易规模的扩展，所有的零售企业都会对 O2O 的价值有所改观，深刻地认识到拓展销售渠道并非 O2O 的真正价值，其真正价值在于对供应链的改造。目前，在零售 O2O 实践方面，电商表现出了极大的热情，虽然实体店商是被动的，但其改造效果依然值得期待。

实体零售企业要实现 O2O 改造，就必须做好供应链管理：

★ 要在店铺缺货的情况下能及时从其他的店铺调货，或者对仓库发出指令直接将商品派送到消费者手中；

★ 实体店铺要能对各个渠道的订单进行实时跟踪；

★ 实体店铺要为消费者提供退换货服务，即便这些订单是从线上渠道获得的。

◆ 基础设施

O2O 模式将线上电商与线下实体结合在一起，这就对基础设施提出了极大的考验，因此要加强基础设施的投入与完善。一方面，要加大 IT 基础设施投入，为实体店商的线下稳定运营提供保障，以提升客户体验。

以餐饮业 O2O 为例，为了更好地践行 O2O 模式，很多线下餐饮行业都购买了 CRM 系统和终端设备。零售业的 O2O 也应如此，要想落地发展，就必须加大对 IT 基础设施的投入，以提升供应链的管理能力。

另一方面，要加大虚拟基础设施投入。虚拟的基础设施有微信、微博、支付宝等，实体电商的 O2O 转型发展必须引入这些虚拟的基础设施，完善线上、线下的支付体系和会员体系，以加强企业管理，增强顾客体验，加快实体零售电商 O2O 模式的落地。

◆ 粉丝模式

在当今的市场环境下，粉丝经济成就了无数品牌，小米就是其中的典型。对于实体零售企业来说，开展粉丝营销的最大优势就是拥有庞大的会员体系和电商无法产生的购物体验。

实际上，相较于电商来说，实体零售企业带给顾客的便利是其最大的优势，再加上全息投影技术的成熟，这种优势会越发明显。也正是受这一因素的影响，电商永远无法全面取代实体店铺。

那么对于实体零售店铺来说，该如何完成普通消费者—忠实客户—粉丝群体的转化呢？依靠传统的会员积分模式自然难以实现。因此，粉丝营销要深入粉丝群体之中，换位思考，切实了解粉丝的喜好和需求，为他们提供真正能够令他们满意的商品。

从这个角度来讲，粉丝营销不是一种短暂的营销模式，而是一种与消费者长久保持良好关系的方法，是一种人性化的服务。所以，实体零售店铺要将普通消费者转化为粉丝，最关键的就是要为消费者提供人性化的服务。

3.2 O2O 转型：实体零售如何实现线上线下一体化

◎ 零售 O2O：实体零售企业转型新方向

仅从技术层面来分析，移动互联网无法将实体运营排除在市场之外，不过，随着移动互联网的高速发展，其影响蔓延至越来越多的领域，在移动互联网时代下，几乎所有行业、所有企业都面临着转型。与移动互联网结合发展起来的零售企业，不仅能够大大方便消费者购物，还能有效克服传统电商缺乏经验的问题。

近年来，大数据、云计算、线上支付、社交媒体等发展迅速，零售 O2O 的发展逐渐成为大势所趋，零售企业应顺势而为，抓住时机进行变革。

一方面，尽可能地降低购买成本，使消费者能够直接从厂商获得所需的产品；另一方面，尽力简化消费决策。在今后的发展过程中，O2O 模式的实践过程会存在很多常规性操作流程，为消费者自动筛选出最优方案，无须消费者在所有消费环节都进行决策，并逐渐普及开来。

O2O 的实践包含许多复杂因素，零售企业在具体实施过程中，第一步应该做的是找到合适的发展方向，制定宏观规划，将线上渠道和线下渠道的运营结合起来。

如今，O2O 模式获得了进一步发展，尝试过该模式的企业也了解到，O2O 的实践不会仅限于线上渠道，也不会仅停留在线下。企业需将线上和线下的运营结合起来，逐步简化消费者的购物流程，帮助其节省时间与精力。

以淘宝、京东为代表的实力型电商平台在 2014 年都开始在线下拓展自身运营，通过线上渠道经营，完成交易，然后通过线下渠道为消费者提供完善的售后服务。由此可见，线下与线上运营的结合，O2O 的垂直纵向延伸是其未来的主要发展方向。为此，企业经营者需实现客户资源、产品信息等在不同渠道的共享，并在运营过程中实现企业资源的合理配置，更好地满足消费者需求。

O2O 刚刚兴起之时，有相当一部分零售企业将开通微信号作为 O2O 的实践方式，以为 O2O 模式的实施不外乎在微信上进行产品营销、制作动态页面等形式。但实际上，它们的举措只是转换了信息传播方式，还停留在基础应用阶段。众多企业都采取了上述方式，但并未因此就顺利实现 O2O 转型。

近年来，不断有零售企业加入 O2O 发展的大军，寻求与移动互联网应用的结合，而不同行业的属性不同，O2O 转型过程也呈现出不同的特征。与此同时，不同企业在 O2O 发展过程中，其产品与服务之间也存在明显差异。

前两年，滴滴打车与快的打车展开激烈的比拼，其竞争的演变升级让用户认识到：可通过社交工具简化交易流程。之后微信支付与支付宝的线下布局，又让消费者认识到：到实体店销售，也可进行线上支付。数据统计结果显示，国内移动支付交易规模在 2016 年时接近 38 万亿元，呈几何倍数上升，反映出移动支付正逐渐成为一种发展趋势，其应用范围也在不断拓宽。

从商家发展的角度来分析，便捷的支付功能仅是移动支付的优势之一。除此之外，还可在交易完成之后收集消费者、产品等相关的数据信息，通过这种方式精准把握消费者的需求，从而推动自身朝 O2O 方向的转型。

近年来，部分移动电商平台尝试在运营线上业务的过程中增添社交元素，注重社交场景的建立，反映出移动电商将社交化作为其发展方向。不过，对社交电商而言，最关键的是培养自身的社交基因，但是，如果商家在这方面的努力仅限于偶尔在网络平台上发布促销信息，抑或是促使用户转发电子优惠券，则其最终取得的成效也不会太理想。

为了提高消费者对自身平台的依赖性，将其发展成长期用户，就要将社交元素融入运营过程，突显电商平台的感性化因素。为此，经营者需采用口碑营销的方式，通过感性因素来激发消费者的认同感，从而促使其购买自己的产品。此外，还可通过提供高质量的产品、提升用户体验，促使用户自发参与到产品推广过程中，助力移动互联网电商平台朝社交化的方向发展。

运营攻略：实体零售店 O2O 模式实战

超市、商场等类型的实体零售店采用 O2O 运营模式时，一般有两种途径：一种是借助于支付宝、微信，抑或是商家直接创建自己的 APP，改变传统的支付和营销方式，走线上线下一体化模式；另一种是独立推出网络平台，走网上订购、线下取货或者送货的模式。

◆ 从支付、营销入手

第一种途径目前正处在实行阶段，像银泰、王府井等企业正在尝试这种模式。例如，在银泰购买东西时，消费者可以直接通过支付宝扫码付款，不用再去收银台。而且商家能够将优惠信息、推销广告等直接通过移动设备发送给客户，扩大与顾客的接触面。

严格上来说，这种途径算不上真正的 O2O 实践方式，在这种模式下，线上环节太模糊，有效利用率很低。并且采用移动端付款的模式相对于传统模式没有明显的优点，如像超市这种付款方式也只能在收银台进行。

即便能够通过移动设备将优惠信息、推销广告等信息发送给用户，但是这样的效果就一定好吗？假如所有的企业都采用这种方式，消费者能够关注所有的信息吗？例如，很多人的微信中都关注了大量的公众号，但是经常打开阅读的却很少。

假如商家能够利用数据处理技术，为消费者发送具有针对性的信息内容，这种 O2O 实践模式就能充分体现其优势所在了。但是目前多数企业还没有建立起完善的数据库，当然也还没有推出能够进行个性化推荐的操作系统。

◆“网订店取”或“网订店送”

这种模式比以往的 O2O 模式更进了一步，零售企业在网络平台开展业务运营的同时，还能发挥实体店的作用，由门店进行配送，或是让消费者到店提货。

这方面的案例有很多，以步步高为例，用户在网络平台下单后，能到步步高投资的汇米巴便利店取货；苏宁易购的消费者也可到苏宁门店取货；唐久便利店的产品可经由京东平台出售，其实体店可为当地的消费者配送货品。

迄今为止，这种模式尚未出现成功的实践者。步步高虽然拥有专业团队，并在全渠道战略实施过程中加大了投资力度，但仍未达到原定目标；苏宁决心朝线上线下一体化的方向发展，重新命名为苏宁云商，企图开辟全新的发展道路，但在运营 6 个月之后，就出现了 7.5 亿元的亏损；唐久便利店在京东进行商品销售，但平均每天接到的订单数量较少，尚未实现自动化订单处理。

线上订购、线下取货或配送，是该模式实践 O2O 的集中体现。这种模式为何在实践过程中会面临诸多难题呢？沃尔玛的实践足以证明其可行性，但国内为什么没有出现成功的案例呢？原因可归结为如下几方面：

线上订购，实体店提货的方式由来已久。配送者将货品送至消费者居住地附近的超市、水站等地点，由用户自取的现象并不少见，从这个角度来说，规范性的网订店取对消费来说没有太大的必要，而且，企业运营在很多情况下，没有社会合作来得更加方便、快捷。

很多平台都曾试图实施“网订店取”模式，例如，淘宝早在2008年就设立了yes淘、淘一站服务机构。除此之外，顺丰、亚马逊等多个平台也都实践过该模式，但最终的效果都十分有限，采用线上线下相结合模式的零售行业在具体实施过程中也将出现类似的问题与挑战。

数据统计显示，在英国所有零售网购订单中，由全渠道网订店取完成的份额接近1/5，在美国，以沃尔玛为代表的零售业通过网订店取完成的订单交易也发挥着重要作用。然而，无论是在美国还是英国，这种模式始终都没有占据主导地位。

相较于实力雄厚的电商平台，零售企业在线上渠道的运营不占优势，无法通过网订店取模式突显自身实力，而且，很多电商平台也开始实施网订店取和网订店送模式，也就是说，零售企业在这方面没有绝对的优势可言。

◆ 实体零售O2O变革之道

对于这两种已经出现的方案，第一种的市场应用价值还没有开发出来，另一种也尚未出现成功的案例，发展举步维艰。那么，零售行业应该如何抉择才能紧跟互联网时代的发展要求呢？

刚开始时，仍然要借助于微信、支付宝等平台，或者创建自己的APP，实现移动端自由支付，并通过移动端加强与客户的有效交流。虽然这样做可能无法带来关键性影响，但是依然能够为部分客户提供便利，促进商家和客户间的互动。

再者，要用发展的眼光来看待投资，不能只着眼于当前。互联网已经不再是一种单纯的科技，它将是一场变革，互联网时代的到来是大势所趋，互联网技术一定会渗透到生活的方方面面，渗透到生产、生活、工作的各个角落。零售行业也必定会受其影响。现在互联网对生产生活的影响还会进一步蔓延开来，随着时代的发展，肯定会出现更加深刻的变革，商家要做好准备，以免错过发展机遇。

用发展的眼光进行投资需要做到如下几点：寻找互联网方面的专业人才；建立互联网变革的专业研发小组；及早进行 O2O 转型实验；建立 O2O 模式运营的初期数据库。只有做好充分的准备，才能在互联网时代来临的社会变革中抓住机会，及时采取应对措施，提高最终获胜的概率。

然后，结合自身的发展情况，加大对数据处理技术的研发投入，完善针对性信息推送功能。假如能够实现针对用户的个性化信息推送，O2O 的运营将会获得意想不到的效果。要实现极具针对性的信息推送是有很大难度的，以下几个方面可供参考：

1）与第三方合作，如阿里巴巴、腾讯公司，它们在这方面较早做出了尝试，已经建立起了庞大的用户数据。借助于这些互联网行业的实力型企业，获得大量信息参考，再结合自身的发展，与消费者需求相对接，还是很有希望为客户提供优质服务的。

2）针对自身销售商品的特性，精简推导个性化信息的方法。例如，百货超市可以根据客户购买商品的频率，确定客户下次购物时选择某种商品的可能性，还能计算出顾客进行此类商品消费的周期，从而实现商品信息的个性化推送。

3）从整体入手，提升用户体验，实现与用户的良好互动。例如，电影院可以通过 O2O 服务，将观众数量不足的场次以免费体验的形式为会员发放优惠观影券，完善自身服务体系。

综上所述，零售业的经营者在 O2O 模式的变革过程中一定要保持良好的心态，随时应对新思路、新形势的变化，寻找变革的机会。

◎ 利用新技术手段，加速零售 O2O 转型

◆ 商业回归产品与服务的本质

商家在经营过程中应注重提高用户黏度，为此，应回归其初衷，通过产品与服务来获得消费者的认可。新概念的应用确实能够起到一定的推动作用，但从根本层面上来说，最关键的还是商家提供的产品与服务。只有高质量的产品和完善的服务，才能满足消费者的需求。

从消费者的角度来说，自然希望买到的产品与付出的资金成本成正比，若企业提供的产品符合消费者的期待，即便没有移动互联网的支持，企业也仍然能够占据优势地位。而依托移动互联网的优势，企业则能够掌握更多的主动权。

应用移动互联网，商家能够在短时间内实现信息的大范围扩散，并收集到所需的数据资源，所以，市场对其产品的接受度、需求变化趋势等也可通过移动互联网及时传递给经营者。注重时间价值的企业自然会充分利用这些数据资源，升级自身的产品与服务，进行市场扩张，从而更好地对接市场需求，树立良好的品牌形象。

◆ 零售门店科技化、体验化、场景化

在传统模式下，零售门店只是单纯地为消费者提供商品。如今，零售门店与消费者之间的互动更加紧密，并能够满足消费者的现场体验需求。用户可在网络平台下单与支付，但却无法通过除实体店之外的其他渠道进行现场体验，享受店家周到的服务，与经营者进行深度交谈。

实体零售企业在这方面的优势十分明显。我国零售企业在近两年出现了一股大规模的“关店潮”，如今，大批新店纷纷开张，这些商家存在着如下共性：经营者注重先进技术的应用，并致力于为消费者打造极

致体验。实体店经营者通过引进现代化技术，推出扫码等便捷服务，能够借此实现线下及线上运营间的协同，消除零售企业不同渠道之间的隔阂。

实体店除了面向线下消费者提供产品与服务，还能将客户转移到线上渠道，促进线上线下之间的结合。所以，零售企业应该积极引进先进科技，增强实体店的现代化氛围，通过场景打造与消费者进行现场互动，提升消费者的购物体验。

◆“去中心化”趋势已成

随着移动互联网的高速发展，社交工具的普遍应用，社交互动越来越多地融入人们的生活、工作、娱乐及其他方面。目前，移动社交网络的发展已经具备相当高的水平，每天都有海量信息在社交平台上发布与传递。

在传统互联网时代下，所有信息的产生和传播都是围绕平台运营来开展的，移动互联网时代则不同，所有人都可进行信息发布与传播，用户既可作为信息的生产者，也可参与到传播过程中，并作为信息接收者，不再像传统模式下那样，只能被动接收经由媒体传播的信息。

从商家发展的角度来说，太过直接的广告宣传很难达到理想的效果，相反，从感性层面入手，可打动消费者的内心，使信息推广变得更加自然、灵活。

◆ 数据价值得到重视

大数据的理论研究及其应用蕴藏着无限的发展潜力，其发展及应用也引来众多业内人士的关注。然而，我国有相当一部分传统零售企业，受自身思维、分析问题的角度、行业本身属性等因素的限制，并未积极主动地参与到信息化建设当中，无法像互联网企业那样充分认识到数据资源蕴藏的价值，也无法对各类数据价值进行科学评估。

在移动互联网时代下，经营者与消费者之间的互动更加深入、频繁，与消费者、商家、产品、供应商等相关的数据资源都能够被获取。为了推动自身的转型升级，零售企业应改变传统思维模式，学会如何获取、分析数据，并据此改善自身运营。

3.3 日本零售 O2O 战略：电商冲击下的全渠道布局

◎ 日本零售 O2O 模式发展历程概况

相关调查数据显示，在日本，接受单纯的网上购物的顾客仅占 20%，在网购前去实体店确认商品的顾客则高达 72%。由此不难看出，日本用户的网购方式明显较中国用户要保守很多。

相较于中国或者美国，日本的电子商务起步较晚，O2O、全渠道等尚没有得到足够的发展，甚至还处于摸索阶段，相应的电商规模也较小。我们可以借助一组数据加以分析，2013 年日本外务省统计的数据表明，日本电商规模约 1400 亿美元，而当时的美国电商规模约是其 2 倍。在增长率方面，日本也不及中、美两国，2011—2013 年日本电商增幅约 11.5%，而美国则为 13%，中国更是高达 80%。

随着智能手机的广泛运用，以及通信技术的不断完善，2011 年开始日本致力于全渠道、O2O 发展，而随着电子商务规模的不断壮大，日本的全渠道布局亦处于变化之中。

2000 年，是日本网上零售业发展元年。当时，日本的互联网普及率相对较低，仅为 30%，而短短两年间，互联网用户便呈现快速增长，截至 2013 年互联网普及率高达 83%。

实际上，在电子商务发展初期，日本企业对网店的重视程度较低，仅将其视为辅助实体店提升业绩的重要手段，网店与实体店平行发展、独立运营，并没有将两者融合。对此，2004 年，宝洁提出“FMOT”的概念（即 First Moment of Truth）后，消费者只能分别从实体店或者网店浏览商品，两种渠道下得到的购物体验也不尽相同。

2006 年，日本零售商为达到企业内部商品管理的统一化，开始将实体店与网店的运营结合到一起，进而催生了 O2O 概念的萌芽。不过，尽管实体零售商同时拥有了线上与线下业务，仍没有实现两者真正意义上的融合，即企业的供应链、顾客管理仍独立进行。值得一提的是，自 2006 年起，各企业管理者们也开始致力于 O2O、全渠道的研究与实践。

2008 年，全球智能技术得到了很大的提升，以 iPhone 手机为代表的智能产品在全球风靡一时，而 iPhone 手机进军日本后，日本本土的信息技术也受到了严重冲击。此外，2008 年发生的全球性金融危机，也重创了日本的零售业及国民经济发展。

2010 年，美国 TrialPay① 创始人兼 CEO Alex Rampell 首次提出“O2O”概念。相较于目前的 O2O 概念，当时则偏重线上到线下，即试图将网店顾客诱导至实体店购买商品。

到 2011 年，“全渠道”理念开始在美国萌生，由 NRF（全美零售商联盟）首次提出，试图借由线上与线下渠道的融合推动移动零售；随后，谷歌公司提出零点接触营销术（ZMOT），即通过线上渠道让消费者在接触商品前了解产品的相关信息，并刺激消费者购买。在此背景下，日本零售商业开始考虑将线上与线下业务全面融合，并依托电子商务的快速发展，对 O2O、全渠道进行全面布局。

然而，就在日本零售业正式步入 O2O 发展轨道时，2011 年的大地震与核泄漏事件又严重阻断了日本供应链，导致零售业发展骤然惨淡。步入 2012 年后，日本零售商与 IT 企业面临着经济停滞不前的巨大压

---

① TrialPay 是美国试用品营销、广告服务商。所谓“试用品营销”，即 TrialPay 利用自身平台，向消费者发送免费试用品，消费者也将获得社交游戏虚拟货币等额外奖励。

力，更加重视营销策略，开始全面研发全渠道零售技术，自 2013 年起，日本 O2O、全渠道正式步入发展正轨。

综上所述，在零售商与 IT 企业的通力合作下，全渠道、O2O 发展起步明显较晚的日本，仅用短短 2 年的时间便已进入激增阶段。

◎ 日本零售企业如何布局 O2O 全渠道

尽管日本的全渠道零售发展时间尚短，但在短短几年的发展中仍旧涌现出一批先进的企业，而这些零售企业所采取的 O2O 模式更值得国内同行业参考借鉴。

◆ 异业联合的资生堂模式

谈及日本知名的化妆品品牌资生堂，相信很多人都有所了解，该品牌多年来致力于秀发与美肌研究，集团产品已在全球 80 多个国家进行销售。资生堂为何会如此成功呢？这就不得不提它先进的 O2O 模式。

开展网上业务之前，资生堂便拥有大量的实体店，而这些实体店多以直营店为主，若要做好网上销售就必须要解决导流问题，显然资生堂在这方面是不具备优势的。对此，资生堂开启异业合作模式，与从事电子游戏研发的世嘉公司①（Sega 公司）跨行业合作，为网站吸引客流。

在异业合作的同时，资生堂还不断地丰富网上服务业务，如实体店导航、美容咨询、直营网点等等，不断加强与用户间的交流互动，这也在很大程度上增强了用户黏性，为其 O2O 模式的良好运营保驾护航。

◆ 资源共享的永旺模式

孙正义创办的软银集团是一家综合性的投资公司，近些年来相继投资了多家互联网企业以及零售公司，包含永旺、日本雅虎等。由于永旺与雅虎在资金来源上存在密切的联系，两家达成战略合作，开启了资源

① 世嘉是一家日本的电子游戏公司，曾同时生产家用游戏机硬件及其对应的游戏软件、业务用游戏机硬件及其对应的游戏软件以及电脑游戏软件。

共享的O2O模式。

永旺与雅虎实现资源共享，主要是通过以下途径进行：首先，浏览雅虎网页的用户可以免费领取优惠券，然后持券到永旺实体店进行消费，经永旺实体店扫描优惠券生效。"永旺 + 软银 + 雅虎"的合作模式，不仅能增加雅虎流量，更为永旺及时收集了精准的用户信息，再经雅虎引流实现线上到线下的业务发展。

◆ 技术先导NTT模式

日本最大的移动运营商——NTT DoCoMo（以下简称NTT），则是以先进的技术为主导，诱导顾客参与商品登记签到，实现由线下到线上的O2O模式。

NTT模式与永旺模式截然相反，当顾客进入实体店浏览商品时，可用手机扫描自己选中的商品，完成扫描后便可获得商品相对应的积分，无论是当下购买，还是下次再光顾购买，顾客均可使用商品积分获得优惠。若顾客没有购买商品，手机扫描所记录的数据也会帮助零售商分析顾客的购买行为，经大数据分析得出顾客不购买的原因，以期改进商品或者运营方式。

◆ 库存统一的东急百货模式

若说永旺模式是对顾客信息的共享，那么东急百货模式则是对商品信息的共享。自2012年起，东急百货积极尝试将库存数据打通，实现实体店与网店商品的统一管理，并建立虚拟库存，让网店商品信息可视化。

直到目前，东急百货已将统一业态下的库存数据彻底打通，线下与线上的商品信息已处于实时共享状态，且库存信息每隔1.5小时便会更新一次，为全渠道融合创造了良好的环境。

◆ 店内导航的JR模式

据了解，东京火车站商场内共有200多家零售实体店，这些店铺都在地下，在吸引顾客方面存在一定的难度。对此，火车站商场开启 JR 模式，通过导航技术将顾客拉到店内。

何为 JR 模式呢？具体有两方面的表现：其一，针对商场外的顾客，零售店面主要借助 GPS 定位技术找到潜在的顾客，并向他们推送优惠券；其二，当顾客进入商场后，借助 AR 技术为顾客做店内导航，帮助顾客顺利找到目标店铺。当然，理想化的 JR 模式目前仍处于探索阶段。

◆ 社交购物的优衣库模式

优衣库模式是当前零售商们运营最多的一种 O2O 模式，主要依靠社交网站平台，促进顾客与商家、顾客与顾客的交流与互动，让先行购买用户引导潜在顾客跟随购买，并为厂商研发新产品提供建议。

自 2012 年 5 月首个社交网站设立后，之后的几年内，优衣库在 PC 端、移动端都设立了独立的社交网站。类似于中国的淘宝购物，顾客在购买商品前总会关注“先行购买”顾客对商品的评价情况，好评越多则越容易激发购买。

◆ 门店自提的网上超市模式

在前文中我们曾提到过，日本约 70% 的顾客会选择线上下单、线下取货，显然门店取货在日本零售业内十分流行。基于此，西友百货、伊藤洋华堂、顶点等综合企业相继开启了门店自提的网上超市模式。

尽管以上每家企业都做到了网店与门店的统一管理，但仍存在细节上的差异。其中，西友百货、伊藤洋华堂两家企业的网店库存与门店库存是统一管理的，顾客在网店下单后可由门店负责配送，部分常温商品则由物流中心负责；而受到门店规模的限制，顶点网店库存与门店库存尚不能统一管理，这就意味着顶点并没有实现真正意义上的 O2O。

◎ 日本零售 O2O 对我国零售业的启示

◆ 日本零售行业的特点

日本是一个国土面积不足 38 万平方千米的岛国，占地狭小、地理间隔少，相较于中、美等国家，无论是零售市场，还是顾客的消费习惯都有着很大的不同。

1）日本多渠道购物者占比较多

相关数据表明，仅有 20% 的消费者会单纯地进行网上购物，而更多的消费者（约占 72%）则会前往实体店确认商品之后再进行网购；而选择网上下单、线下取货的顾客占比亦高达 70%。我们再分析一下不同渠道下顾客的消费金额，多渠道顾客消费额明显超出单渠道的消费额，且两者相差甚远，前者约为后者的 2 倍以上。

2）O2O 购买方式在日本表现明显

真正意义上的 O2O 是指线上与线下的高度融合，既包括线上到线下，也涵盖线下到线上，从日本顾客的购买行为中不难发现，日本顾客极为重视以上两种购买行为。

数据显示，72% 的顾客采取线上到线下的购买方式，具体表现为在网上找到喜欢的商品，然后去实体店进行检测与体验；75% 的顾客也会采取线下到线上的购买方式，表现为在实体店发现喜欢的商品，然而去网店确认并下单。

3）在零售业中实体店仍占据重要地位

调查发现，专门从事线上业务的日本零售企业不足 20%，60% 的零售企业会在开展线上业务的同时发展线下业务。在电子商务时代，为何日本的实体店仍备受顾客青睐呢？这与日本国情存在直接的联系，正是由于日本国土狭小，顾客可以轻松地往返各大城市，进而了解并体验商品，也推动了实体店的延续发展。

◆ 日本零售企业的启示

以上分析了日本全渠道零售的发展历程，以及零售企业的 O2O 七大模式，综合而言，我们可以从中得到如下启示：

1）顾客取代零售商决定商圈

移动互联网时代到来以前，零售商拥有商圈的决定权，可以根据门店的选址情况选择顾客；而步入移动互联网时代后，能够决定商圈的不再是零售商，而是顾客，这也使原有的“固定商圈”被赋予了“移动性”的特点。

若零售店不能被顾客划分到他们的商圈中，自然就要面临巨大的生存压力，甚至有可能被淘汰出局。受此影响，越来越多的零售商开始开展电子商务业务，并积极尝试 O2O 模式。

2）运用大数据分析进行营销

在移动互联网时代后，零售商获取顾客信息、运营信息的途径越来越多，且搜集的数据准确性也得到很大的提高。为此，应充分利用相关数据，进行大数据分析，然后准确定位顾客的实际需求，进而开展精准的营销。

在未来，零售企业营销成败的关键在于大数据分析，若不能深入理解企业的关键绩效指标（KPI），对掌握的大数据充分运用，即便企业拥有海量的数据，也仍难摆脱失败的命运。

第 4 章

场景零售：碎片化时代的零售创新法则

4.1 场景时代：移动互联网重构传统零售模式

◎ 体验消费：与用户建立场景连接

互联网的快速崛起和不断成熟的电子商务模式，对传统零售业造成了巨大的冲击颠覆。“降维攻击”“跨界打劫”等被越来越多人熟知的词语体现了这一过程的内在逻辑——互联网零售与传统实体门店零售是两种不同的思维理念和运作模式，是“先进事物”对“落后事物”的变革、颠覆和取代。

因此，对传统零售商而言，需要做的不是拒绝互联网带来的变革，或者是在电子商务的冲击下自暴自弃，而是以开放的心态拥抱变化，积极进行互联网化的转型升级，构建以用户为中心的场景化思维，从而使自己成为互联网时代零售新生态下的强势物种。

不过，受传统渠道思维的影响，很多零售企业仅仅将互联网理解为一个新的营销渠道，而不是更深层次的价值理念、商业思维和运营模式等方面的变革，从而无法真正实现整体性的转型升级。

与传统零售连锁渠道相比，互联网若只是作为一个单纯的渠道，其在流量获取的成本方面并不比以往店铺租金的渠道成本有多少优势，特别是在最初的渠道搭建阶段，大多数电商运营者甚至是难以盈利的。

其实，互联网的深化发展普及已经为任何企业或商家摆脱渠道束缚、实现与用户的直接对接提供了条件和可能，关键是商家能够深刻理解把握“场景”和“体验”这两大要素，以用户体验为中心，及时、准确地找到用户在不同碎片化场景中的需求痛点，有针对性地向用户推送最应景的产品或服务，从而实现与用户的场景化连接。

显然，场景化思维是对互联网商业形态的更深刻理解和认知，是对移动互联时代用户碎片化、移动化场景的合理区分和利用，能为用户创造更优质、舒心的场景消费体验。出行场景、户外场景、实体店场景等，都是人们无法绕开、也不可能被互联网取代的，商家要做的是将互联网与这些实体场景有机结合起来，为用户提供更优质的场景体验。

以场景化思维和场景体验去重新理解互联网的价值，那么互联网就绝不仅仅只是一种新的渠道，而是针对用户场景需求痛点提供问题解决方案、为用户创造优质体验的一种创新性思维和商业生态。只不过 PC 时代多是室内办公场景，而移动互联网则更多的是户外移动化、碎片化的生活服务场景。

很多较为成功的互联网应用，其实都是把握住了日常生活中十分常见的场景，并通过解决某些痛点优化了人们的场景体验，从而受到广泛追捧。例如，为人们提供优质出行服务的滴滴出行，为人们外出游玩提供问题解决方案的去哪儿，针对吃饭场景的大众点评，以及基于机场候机场景的航旅纵横等。

从这个角度来看，互联网的商业价值具有十分巨大的想象空间，因为还有更多的场景并没有被捕捉到，用户的场景体验也没有被优化。如人们对某些场景的体验诉求远非大众点评可以满足，仅靠实时导航应用也不可能充分解决驾车场景的所有痛点，医院场景体验的优化提升也不是简单的线上预约挂号就能够实现的。

以用户体验为中心，用场景化思维去观察和思考，便会发现其实社会生活中还有很多场景是可以被优化从而创造出巨大的商业价值的。例如，围绕早晨从起床、洗漱到出门这一时段的场景，可以开发出一个包括语音化闹钟、日历、天气状况、新闻、路况乃至更多个性化内容的应用；同样，针对健身运动场景，也可以推出音乐、运动记录分享、社交、饮料、保健品、服装等各种能够提升场景体验的产品或服务。

◎ 场景思维：为用户创造极致体验

任何成功的互联网商业应用都是契合场景特质、能够解决需求痛点从而优化用户场景体验的。这也是为何 PC 互联网时代被传统零售企业视为“洪水猛兽”的很多电商平台进入移动互联时代以后常常难以生存的原因。

在 PC 场景中，消费者有充足的时间进行大而全的海量信息搜索、阅读大篇幅产品或服务介绍；与此不同的是，移动互联时代场景的移动化、碎片化，使人们更加青睐小而美、能够带来极致体验的产品，或者是基于明星达人或朋友分享而实现相关需求的社交电商模式。

对传统零售行业来说，场景化思维就是以用户体验为中心，围绕具体的场景化需求为消费者提供最佳的痛点解决方案，以此赢得用户的认同和青睐，实现价值创造和收益获取。不过，这首先需要解决四个问题：找到目标客户，精准定位用户场景和需求痛点，明确自身的产品和服务能够为用户创造何种价值、形成怎样的口碑，以及变现之后如何进行后续的传播扩散。

需要注意的是，移动互联网和传统实体门店并非“你死我活”的对立场景，而是相互融合、彼此助益的。场景化思维的运用是以手机为工具和载体的，通过手机这一入口将移动互联网和实体环境有机融合起来，为用户创造极致的场景体验。手机使用的频率越高，商家或应用能够连接到的场景就越多，从而被传播的机会也越多。

场景化思维体现了以用户体验为中心的互联网商业特质，而在移动互联时代，用户体验的好坏不仅取决于产品本身的功能属性和质量，更来源于围绕产品所打造的整体性的服务场景。

例如，雕爷牛腩餐厅追求“无一物无来历，无一处无典故”，以求道的态度不断感知并提升服务水平，从而为消费者创造了远超一碗牛腩本身的更多惊喜和价值——加工切制牛腩的刀是大马士革钢锻造的，炖牛腩的锅具是申请了专利的，店中供应给顾客的水也是极富盛名的 FIJI Water（斐济水）和 Saratoga Spring Water（盛棠天然泉水）。独具特色的优质场景体验使进店消费的顾客十分乐意将这些碗筷刀具以及自己的消费体验分享到社交媒体中。

再如，海底捞火锅也是传统实体店中以场景化思维为用户创造极致体验，从而获得巨大成功的典型。海底捞餐厅没有将目光局限于产品本身，而是从整个火锅消费场景出发，针对消费者排队时间较长无处打发时间的痛点，创造性地在门店中设置专门的区域，为等待就餐的用户免费提供水果、饮品和美甲等服务，从而为人们带来了意外惊喜和价值，以微小的成本获得了巨大的口碑传播红利。

可见，互联网商业时代并不是传统实体零售的“穷途末路”，只要实体零售能够学会场景化思维，将移动互联网与实体环境有机融合起来，为用户创造出极致的场景体验，同样可以像雕爷牛腩、海底捞火锅那样成为互联网商业新生态下的强势物种。

◎ 场景跨界：与用户产生情感共鸣

对于 O2O 领域的场景化我们可能并不陌生，例如，想找人清洁家庭卫生时，我们会想到 e 家洁；想要做按摩时，我们会想到功夫熊等。不过，在这里我们研究的重点是实体零售领域的场景化。

不难发现，家居品牌商宜家出售的产品更多的是组合产品，购买某种单一的产品后，往往考虑到搭配效果会去购买其他产品。在丰富的产品组合中，顾客感受到的并非是简单地销售产品，而是追求更具美感、简约、精致的生活理念。这便是宜家为广大消费者创造的消费场景。

相比于纯粹卖书的新华书店而言，当下的消费者更愿意前往集餐饮、服装、艺廊、读书于一体的方所书店。前者就是为了销售图书，而后者则为消费者创造了丰富多元的生活场景，如人们可以在看书累了时喝一杯咖啡、欣赏艺术作品、听文学大咖的讲座等。

通过打造出一种轻松愉快的购物场景，让消费者感受到的不再只是冰冷的商业交易，而是更具情感、更有温度的体验，能够让顾客产生更多的忠实度和依赖感。因此，场景化的本质在于让顾客产生情感共鸣。

尤其是在用户主导的新消费时代，产品同质化和营销内容满天飞的背景下，通过单纯的商品功能和价格已经很难吸引消费者，人们更为关心的是商品及服务传递出的情感，只有那些满怀诚意的小而美的极致单品才能成为爆款。

当下，实体零售领域的场景化可以分为两种：一是类似宜家这种通过产品陈列的方式来实现；二是以方所书店为代表的通过不同生活元素的跨界整合搭建出完善的生活场景。

同样在产品陈列方面实现场景化的还有化妆品品牌康缇。例如，在不同功能的产品展示区，康缇会模拟出真实的环境：在身体护理区，康缇打造出了一个完善的浴室场景——装满水的雕花浴盆中铺满玫瑰花瓣，旁边的镂空货柜上摆放着各种类型的护理用品；在彩妆区，康缇则将其布局成了专业的化妆间等。

类似方所书店这种跨界组合也被许多零售企业采用，其逻辑在于给顾客带来了完善的服务体验。个性休闲男装品牌卡宾就通过将男装、花艺、美发、家居及餐饮等元素整合起来，为顾客在门店内创造出了极具人性化的生活场景。

韩国美妆品牌悦诗风吟在上海地区的旗舰店内，借助于垂直绿色庭院及特色 Green Cafe 为消费者创造出了一种优良的购物场景，不仅有丰富多元的化妆品，还有充满绿意的扶墙及来自韩国济州岛的咖啡与食物，可以让消费者在购买化妆品之余排解生活中的压力。

招商银行与韩国咖啡品牌 Caffebene、优衣库与星巴克、服装品牌

GAP出售杂志与书籍等，这种跨界组合的现象在近年来大量涌现。对于消费者而言，如果前往银行办理业务需要排队时，能够有一杯咖啡陪伴，就不至于等待得如此难受。而且为了喝咖啡而前往门店的消费者也可以向银行服务人员咨询投资理财。

对于跨界合作的零售企业而言，它们能够互相获取对方的优质客户资源，更为高效地传播自身品牌，在共同创造的消费场景中，最大限度地发挥合体势能，从而实现价值最大化。

4.2 场景零售：从技术到商业的零售变革之路

◎ 利用场景技术，迈向智慧零售时代

在零售行业内，伴随着全渠道战略的迅速开展，线下和线上的界限不再那么清晰，在今后的发展过程中，采用全渠道战略的企业有可能在市场上占据主流地位。

社会的进步、科学技术的高速发展，使得现代人对于消费形式的需求也发生了巨大的变化。目前，电商行业迅猛发展，线下实体店铺的经营方式也在不断变化。当下，很多电商企业和线下实体联合，如万达联手百度与腾讯成立万达电商，阿里携手苏宁等，这些都是线上线下结合的体现，加速了场景时代的到来。在这种大趋势下，实体零售企业进入转型阶段。

随着移动互联网时代的到来，手机、平板等智能产品已经深度改变了人们的生活方式和习惯，用户的时间更加分散，信息随时随地传播，人们的购物方式不再局限于传统渠道，而是更加分散，选择更加多样。

在不久的将来，随着虚拟技术的发展完善，商家将能够利用智能产品实现生活场景与消费的结合，如此一来，场景的渗透作用会逐渐增强，甚至能够取代价格，成为市场运营的主导因素。

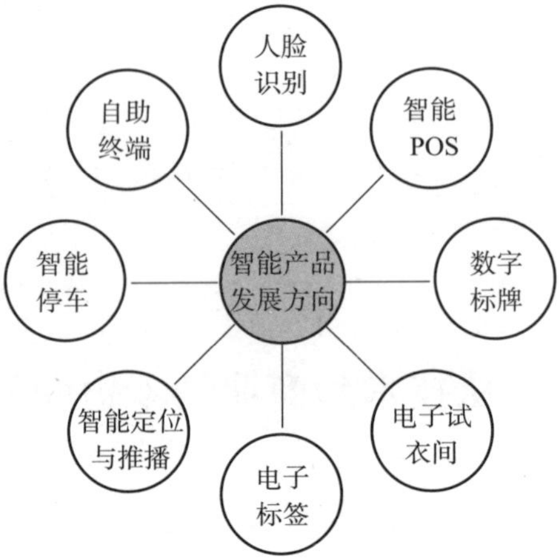

图 4－1　智能产品发展方向

1）人脸识别

通过人们在消费过程中留下的视频可以收集丰富的顾客信息，如性别、年龄、购物种类、选取时间等，对这些信息整合分析，再与其他智能技术结合，能挖掘出更多的数据信息，使商场实现低成本高效管理，同时也能够建立庞大的数据库，根据消费者需求优化自身产品结构。

2）智能 POS

在不久的将来，智能 POS 的形式将会变得多样化，不仅灵活、便携，其形态设计也将更加符合人们的需求。可通过微信和支付宝支付，能够随时随地实现线上、线下的各种支付需求。

商家还可通过智能 POS 实现数据的收集和整理，提供各类产品的销售数据以及销售量变化的分析，帮助商家实时调整商品种类和经营策略。此外，还可添加人脸识别技术，使经营者能够对消费者的数据资源进行分类管理，从而提高营销的针对性。

3）数字标牌

数字标牌的发展和应用将能够帮助商家更好地服务于消费者。数字标牌不仅能够用来展示商品，还能使消费者提前了解商场的促销活动、查询商场商品、查询附近的其他服务（餐厅、影院等）、网上订票、网上订餐等等。同时还能作为传感器记录人流状况，帮助顾客安排出行购物，避免高峰期的拥挤。

4）电子试衣间

电子试衣间内安装了触摸屏，顾客要试穿的衣服可以通过试衣镜识别并显示。另外，如果顾客对所选衣服的颜色和尺码不满意，能够直接在触摸屏上选择其他尺码和颜色，让服务人员送到试衣间里。

而且，该屏幕还有推荐功能，能够帮助顾客选择出与其身材、穿衣风格相匹配的商品，并提示产品相关信息，如材料成分、当前库存数量等等，帮助消费者快速做出决策，在短时间内买到合适且满意的商品。

5）电子标签

如今，人们对食品安全提出了更高的要求。电子标签能够帮助消费者了解所购产品的各类信息，减少消费者对食品安全问题的担忧。消费者只需要扫描产品包装上的二维码就能够获知其相关数据，包括食品的原产地、深加工过程中添加的成分、生产时间、食用方法等，使消费者能够买到安全、放心的产品。

6）智能定位与推播

当消费者在一个不熟悉的超市购物时，可通过智能定位找到自己想购买商品的确切位置并利用导航到达那里，从而在短时间内完成购物。同时，商场也可以通过数据分析技术，获知每位顾客的消费习惯，据此进行精准营销。

商家也可以根据智能定位了解商场的实时顾客流动状况等信息，为活动举办提供参考数据。

7）智能停车

在今天，停车位已经成为相当紧缺的资源，开车购物，最烦恼的事情就是寻找车位。通过智能停车，寻找车位将会变得异常简单。利用智能停车软件，在旅途中，甚至用户在没有出门时，就能够查看车位停车状况，安排自己的停车位置。

此外，停车场的出入口还可设置智能服务终端，为消费者提供车位查询、停车缴费等功能，让消费者能够便捷停车，轻松购物。

8）自助终端

自助终端是智能服务中的重要组成部分，能够简化用户的消费流程。自助终端应用于零售行业，可用于优惠券的自助取券、停车场的自助收费、会员自助办理及查询服务、会员积分及奖品兑换等。

并且，未来超市线上、线下的界限将变得愈加模糊，自助终端设备的应用，能够让消费者方便快捷地完成下单、购买、支付等各个消费环节，实现随时随地地畅享消费。

◎ 场景消费时代，商超如何经营管理

场景可以理解为在特定的时间和地点产生的行为，或者是由于特定的人物关系而组成的画面，它是一种借助人物行动来展现剧情的特定过程。在新消费时代，场景是一种新的思维方式，也是以用户为中心的连接方式，是人们追求新生活方式及价值交换方式的具体体现。

对于即将到来的场景消费时代，超市运营方有必要做出及时的调整，在产品品类、产品陈列、购物环境及营销策略等方面都要进行变革。

不少零售从业者表示，对于场景这种高大上的玩法应该是大型购物中心的专属，在购物、社交、娱乐、餐饮等领域能够释放出海量的价值。但事实上，超市要想在激烈的市场竞争中生存下来，就必须要对自身的运营方式进行调整，虽然不能像大型购物中心一样塑造大场景，但通过一些小场景同样可以获取海量的价值。

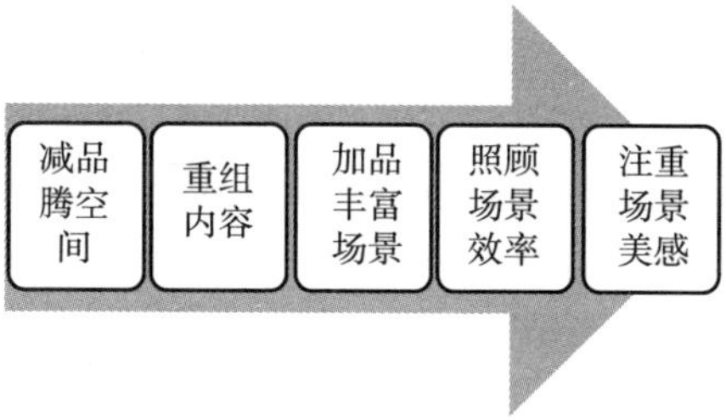

图 4-2 商超场景运营的关键

为了更好地通过小场景创造价值，超市管理者必须要在以下几个方面做出调整：

◆ 减品腾空间

企业的经营，始终离不开成本、效益和效率这几个关键要素，新消费时代零售必须回归到商品中来，但商品的回归必须要有渠道和配套设施提供支撑，如今的商品渠道正在发生重大变革，层出不穷的移动 APP 使得消费者获取产品的渠道变得更为丰富。

在这种多渠道的商业环境中，将一定规模的存在某种共同兴趣爱好或者消费需求的人们聚集起来组成的各种社群，在价值变现方面爆发出了前所未有的巨大能量，这种细分领域的小众市场在营销转化率和可探索空间方面都具备明显优势。在商业逻辑发生重大变革的当下，超市运营方必须在选品方面做减法。

不同的超市存在着不同的用户群体及消费场景，让这些主流客户群体的消费需求得到满足，并使他们实现口碑传播，无疑是超市获取价值的关键所在。在产品品类方面，做性价比较高和时尚潮流产品最佳的产品组合，不符合这种性价比需求场景和时尚潮流需求场景的产品品类应该尽可能地减少。

在运营管理实践中，超市运营方可以通过以下几个步骤来减少产品品类：

★ 明确要削减的产品品类，根据运营数据，分析现有产品品类的周转率、销售贡献比、利润率等。

★ 明确要运营的产品品类范围，找到那些消费需求相对集中及盈利能力相对较强的品类。

★ 明确增加的产品品类，在掌握消费者核心诉求的基础上，评估人们的消费场景，从而对现有产品品类进行补充。

需要注意的是，完成减品是一项长期的系统而复杂的工程，它需要考虑多种因素，并进行持续优化改善，绝非是一件短时间内就可以完成的事情。在具体应该减少多少产品品类问题上，并没有明确的答案，因为这需要考虑场景容量、超市运营方的战略诉求、消费者的购买力等。

◆ 重组内容

和大型购物中心的闭环生态场景所不同的是，超市内的场景需要更多地考虑消费者停留时间及决策时间都相对较短的小场景。为此，在内容方面必须要进行重组。以购物为核心的超市场景显然需要对他们进行分流。

对内容进行重组需要重点考虑以下几点：

★ 围绕产品组合及强化产品展示效果创造更多的购买场景。

★ 以增强用户想象力为核心丰富商品的使用场景。

★ 在商品产业链上下游扩展更多的售卖场景，如阿里投资的盒马鲜生可以为在超市中选购商品的消费者提供现场烹饪服务。

★ 增加更多的娱乐性和趣味性，对于儿童群体而言，他们在大润发门店中印象更为深刻的购物场景就是玩具区、图书区、餐饮区、运动器材区等，因为这些场景可以让他们体验到更多的乐趣。

重组内容时需要考虑到多个方面，如家庭聚会、厨房场景、卫生清洁、亲子活动等，都需要超市能够通过更多的场景，让广大消费者获得前所未有的极致购物体验。在这种丰富多元的消费场景构成的良好的购物环境中，消费者的购物欲望无疑将会极大地提升。

◆ 加品丰富场景

对超市而言，最为关键的还是在于能够为消费者提供的产品方面，时尚、安全、美观、科技等是激发顾客购买欲的有效手段，在这一方面需要对其供应链做出有效调整。

对电器品类而言，超市可以尝试加入料理机、酸奶机、美容设备，甚至是机器人及无人机等；对体育用品来说，除了常见的球类运动产品，攀岩、烧烤、拳击、瑜伽、健身、垂钓等相关产品也要覆盖。当前大多数超市需要解决的是增加更多的潮流新品以吸引更多的年轻消费者，并对购物环境进行优化改善，更加灵活地进行营销推广等，在这些方面超市可以向线上零售商借鉴经验。

◆ 照顾场景效率

当然，超市管理者需要提高员工在超市运营（上新、展示、仓储、营销、服务等）方面的效率，要知道消费场景绝不是仅通过胡乱地将商品组合起来就能创造巨大商业价值的。

对消费者来说，一些商品之间存在着密切的关联，例如，购买火锅时需要蔬菜、肉类、底料、蘸料、饮品等，这类产品能够创造价值的关键点在于产品品类的组合搭配；而某些商品则相对独立地满足了用户的消费需求，如面包等，这类商品获取价值的关键点则是提升消费层次、展现更多的艺术及文化，例如，以前的面包可能是与果酱搭配，而今天则更多的是面包与书、饮品及绿色植物的消费场景。

◆ 注重场景美感

消费场景当然也要注重美学价值，它与消费群体的艺术鉴赏能力存在着密切的关联。对超市而言，场景的美学价值同样体现在更多的细节方面，在细节上的优化调整可以让消费者获得更为丰富的情感体验。

漫书吧、天虹 COOL + 及 Brookstone 等线下门店通过丰富多元的跨界场景让顾客获得了前所未有的购物体验，并产生了强烈的情感共鸣，这种运营模式在未来可能会成为零售产业的主流发展趋势。

消费场景和商品、环境、行为、内容、服务存在着密切的关联，它体现了互联网时代开放、融合、共享、连接等各种新思维，无论其玩法如何复杂多变，从本质上而言，都是为了让广大消费者认可产品价值和服务价值，从而实现商业价值的最大化。

◎ 服装零售店如何借助场景创造价值

近年来，消费场景化受到了服装零售企业的格外重视，它不但给企业创造出了更多的销售渠道，也使得服装产业的整体市场格局迎来了重大变革。在消费需求越发个性化的移动互联网时代，服装零售企业需要为广大客户提供丰富多元的消费场景，从而让他们移动化和碎片化的消费需求得到充分满足。

◆ 场景时代

在新消费时代，人们的消费需求与消费习惯已经发生了很大的改变，消费场景概念的火热正反映了当下处于不断变化状态中的生活理念与消费文化，也让服装企业与广大消费者及整个服装产业之间的关系发生重构。

与此同时，消费场景也让国内服装企业的产品及服务具备了更为广阔的想象空间。各行各业在“互联网+”的浪潮下纷纷进入转型升级阶段，借助于消费场景化理论可以让服装企业优化及完善自身的产品及服务，获取更多的体验文化及创新思维。

在如何迎合用户需求的消费场景方面，不同领域的企业给出了各自的答案，例如，微信、微博等社交平台将社交元素与电商融合创造出了各种各样的社交电商场景；斗鱼、熊猫等直播平台基于粉丝文化通过整合优质内容生产者创造出了丰富多元的直播场景。

易观智库与场景实验室联合发布的《2016 场景白皮书》中指出：迎合当下需求的场景模式将是一种基于商业表达，能够快速积累海量资源的一个连接，对消费关系、购买关系、表达关系及生态关系进行获取及转化。

场景消费正逐渐演变为一种思维模式，它强调将互联网及移动互联网视为连接不同消费者并创造各种消费场景的有效工具。更为关键的是，消费场景也成为企业获取用户流量的关键所在。

◆ 场景的具体表现

场景体现了以用户为中心的体验细节。例如，开车上下班过程中被堵在路上时的喜马拉雅电台，身心疲惫时的功夫熊按摩，游戏玩家打发无聊时间时的伐木累等。

场景是一种全新的连接方式，借助于社交媒体平台或者二维码扫描等方式，实现人与产品及服务或者人与活动之间的连接。以酒店为例，未来的酒店 O2O 场景将是消费者借助 VR 设备实现选房、扫描二维码购物、利用社交媒体对产品及服务进行点评等。借助于微信提供的连接方式，酒店运营方可以创造一种以客户需求为中心的营销服务模式，创造出各种各样以用户需求为中心的消费场景。

场景是一种价值交换方式及全新的生活方式。微信用户通过关注公众号可以阅读自己感兴趣的内容，并通过微信支付进行打赏，这是一种典型的价值交换方式，当然在斗鱼或者熊猫等直播平台中打赏主播虚拟礼物也是这种逻辑。而 VR 设备、e 家洁、河狸家等则代表了一种全新的生活方式。

时间、地点、人物、事件及连接方式是场景的五大构成要素。以视频会议场景为例，什么时间、什么地点、与会人员、会议主题、移动互联网连接，对该会议场景进行了精确描述。

不难想象，在传统生活理念与新消费需求的激烈碰撞下，消费场景不再有新旧差异，其释放价值的关键在于向参与场景的用户获取全新的体验和价值。

从商业的角度来看，缺乏场景人们不会更新自己的社交状态，不会在互联网中分享内容。因此，场景决定了付费模式，也决定了人们的生活方式。在场景时代，商业生态和生活图谱将由一个个场景组成，未来将会是一个通过各种新的消费场景提高产品及服务增量价值的新消费时代。

场景不仅涉及线下，更涉及由互联网组成的各种虚拟空间，对于服装企业而言，如果在数字化布局方面较为深入，那么未来通过在各种虚拟空间中提供数字化服装产品同样可以获取海量的价值。

那么在即将来临的场景时代，服装企业又应该如何挖掘自身具有的潜在价值呢？

未来会有越来越多的服装企业选择转型成为大数据企业，随着智能化设备和制造技术的不断发展，未来，大数据将给人类社会生活带来前所未有的巨大变革，在服装领域，将会出现一些能够与人们进行互动交流的服装产品，届时能否满足人们的情感需求将会成为衡量服装产品价值的重要指标。

◆ 多场景的沟联

在某种程度上，移动互联网可以理解为互联网的移动化，甚至是整个人类社会的移动化。以家政、餐饮、零售为代表的各行各业的企业都在移动媒体中进行营销推广，竞争变得更为多元、更为复杂。

场景营销成为企业营销的一大主流发展趋势，无论是借助网红经济打造服装品牌，还是打造柔性化供应链，都需要迎合这一发展趋势，才能尽可能地创造出更多的消费场景，从而实现商业价值的最大化。

作为“80后”和“90后”的年轻一代消费群体对丰富多元的场景消费有着十分强烈的需求，尤其是在人们生活水平和消费理念不断提升的状态下，无论是出于追求更为高品质的产品及服务，还是更加注重于文化消费都是如此。

◆ 最本质的服务

研究场景模式在服装产业应用中为服装企业的转型升级提供了一种新的思路，尤其是在中国经济长期面临下行压力的市场环境下。但让服装企业精准地掌握当前的市场形势，绝非是一件简单的事情。很多管理者仍在用传统思维模式对企业进行管理和运营，这种企业很难在日益激烈的市场环境中生存下来。

场景化消费是服装企业为了迎合用户需求而做出的一种必然选择。从现有的服装产业发展情况来看，用户群体规模很难会出现大幅度增长，因为人口规模增速趋于平缓，如今绝大部分产业都已经进入产能过剩阶段，服装企业提供的产品远超过市场的真正需求。所以，如果服装企业想要实现进一步发展，最为关键的就是从现有客户群体中获取更多的价值。

通常情况下，顾客进入门店或者打开网店的频次越高，花费的时间越来越多，就会创造更多的产品销量。而极具创意的产品陈列及人性化的服务，能够吸引更多的消费者进入门店和网店，从而为商家创造更高的价值。

4.3 智慧场景：聚焦线下场景，抢跑新零售时代

◎ 搭建智慧场景：转型新零售的关键

“新零售”的概念诞生后，以蓬勃之势迅速崛起，引起业内人士的普遍关注。而新零售之所以产生，离不开国家政策的引导。

国务院于2015年出台政策促进消费升级，并将其纳入国家级战略中，自此，“消费升级”成为众多领域关注的热点。如今，“80后”“90后”的年轻人成为社会消费大军，这代人更加注重产品的质量、个性化元素及相应的体验，在此背景下，新零售逐渐发展起来，并成为一股不可阻挡的潮流。

阿里巴巴的创始人马云总结的新零售特征如下：线上渠道与线下渠道及物流体系的结合。马云认为，从根本层面上来说，物流运营的关键不在于速度，而在于加速库存周转。虽然这种理解方式有为阿里物流慢辩白的嫌疑，但脱离这个层面来说，马云确实揭示出了新零售的显著特征：线上渠道与线下渠道的一体化运营。

当然，新零售在今后的发展过程中很有可能体现出更多的特点。从零售行业发展历程的角度来思考，新零售是应用现代化的网络技术、数字技术对传统零售行业的革新，其运营是围绕用户体验来开展的，经营重点将由传统模式下的产品转移到用户方面。

富有洞察力的传统实体企业在新零售时代之前，就开始注重客户数据、采购数据的收集及统一管理，并采用客户关系管理系统、企业资源计划系统为企业决策提供依据。线上渠道及线下渠道的一体化运营，能够体现出实体企业主动寻求与互联网及移动互联网的结合，但这种转变仍局限在渠道方面，还达不到新零售的层面。

零售企业要想成功转型为新零售，就要朝智慧化的方向发展。而在具体实施过程中，要注重场景的应用。在消费升级的大背景之下，消费者的需求不断提高，为了更好地服务于市场，企业必须在依托互联网优势的同时学会在线下进行场景打造，并将两者融合起来，建立智慧场景，从而在激烈的竞争中突显出自己的核心竞争力。

为了对智慧场景有更加深入的了解，有必要先分析一下场景消费，了解一下场景消费的作用。所谓场景消费，就是商家为消费者提供视觉、听觉等多样化元素，使其联想到自己期待中的场景，通过氛围的营造来感染消费者，使其产生心理认同感。

在互联网尚未普及应用时，用户看重的是产品的实际功能。随着信息时代的到来，伴随着互联网发展成长起来的年轻消费者，不仅注重产品本身，还会对其背后的故事、人物感兴趣，即对包括人物、空间、环境氛围等在内的场景心怀期待。

也就是说，虽然消费者拿到手的是商品，但消费场景才是能够激发其购买欲望的关键因素，若场景的搭建符合其心理期待，就能促使其做出决策。

如今的消费已经不同于以往，对消费场景也提出了更高的要求，传统场景已经无法对接新时代下的市场需求，为了解决这个问题，商家必须打造智慧型场景，使其能够符合消费者的深层期待。

从这个角度来分析，所谓智慧场景，即指通过互联网技术对传统场景进行改造升级，将现代化信息技术的应用融入其中，提高其智能化水平，使新型场景更加具有渲染能力，能够从心理层面打动消费者，使消费者获得更加优质的产品和服务体验。

上文中说过，用户的消费升级推动了新零售的出现，新零售只有符合用户在产品质量、个性化设计、体验等多方面的需求，才能继续生存与发展。马云将新零售置于主导地位，说明传统的电商模式无法对接新时代的消费者需求，为了解决这个问题，电商经营者必须进行线下探索。

所以，商家要向新零售转型，就要进行场景搭建，否则，其运营仍然无法脱离传统的电商模式。不过，即便建立了场景，也需要进一步把握用户需求，很多消费者之所以选择线上购物，就是因为他们充分认识到了网购的优势，如果线下购物无法带来同样的便利，就很难将其转移至线下渠道。

为此，实体零售企业需通过互联网技术的应用，对传统经营模式进行改革，搭建智慧场景。由此可见，企业在向新零售转型过程中，必须学会打造智慧场景。

◎ 聚焦线下场景：创造全新购物体验

在零售行业发展过程中，场景发挥着十分关键的作用，而在场景革命中，智慧的作用同样重要，所以，很多实体企业纷纷聚焦于智慧场景的建设及应用。

当电商行业与互联网的结合发展进一步展开之时，很多实力电商企业争相打造线下场景，与此同时，前期没有抓住电商发展机遇的实体企业，也清楚地认识到了自身占据的重要地位，开始尝试转型升级，朝新零售方向发展。如今，该领域的争夺正在日益加剧，那些能够成功打造并运营智慧场景的企业，在竞争中更具优势。

可以确定的一点是，传统电商虽然能够充分发挥互联网平台的优势，但却缺乏线下场景的支撑，因为线上交易只看眼前，无法为消费者提供现场体验。大多数电商经营者，只是在节日期间推出主题活动，也有部分商家会在用户成长的各个人生阶段，如儿童时期、上学期间、职场生涯等阶段，打造虚拟场景，激发用户的购买欲望，然而，消费者对真实场景的体验需求，是无法通过虚拟世界来满足的。

近年来，无论是阿里还是腾讯，都在进军线下渠道，并通过发展移动支付、用户交流平台等展示自己的互联网优势，但这些措施都没有对零售商的核心系统造成影响，没有掌握智慧场景的打造及运营方法。

与电商企业相比，线下实体企业在场景搭建方面具备更多的优势，难度要小一些，实体企业可以通过互联网技术的应用对传统场景进行智能化改造，率先抢得向新零售转型的先机。

在现实生活中，实体企业通过战略推进超过传统电商的案例俯拾即是，举例来说，万达、五洲国际、步步高企业等打造的购物广场，不仅经营多样化的商品，还设置了餐饮、娱乐等业态形式，供消费者休闲体验，通过场景搭建满足消费者的个性化需求。

万达与腾讯、百度共同打造的飞凡开放平台，能够将互联网运营与实体商业经营结合起来，通过打造智慧场景，推出智慧餐饮、智慧电影、智慧购物等多种体验，对消费者形成较强的吸引力，将部分习惯于网购的用户转移至线下渠道。

万达、百度及腾讯在 2016 年的“6·18 电商节”期间，描述了零售行业在与飞凡平台合作后，可能实现的智慧消费场景：

★ 消费者登录飞凡客户端应用，查询附近的大型商超、购物中心，接收品牌商推送的营销内容，下载自己所需产品的电子优惠券；

★ 消费者便可到实体店进行消费，在到达购物中心后，用 APP 导航功能查找相应门店的具体位置并自动导航；

★ 可利用闲散时间参与 APP 的抽奖活动。

在整个购物过程中，从消费者到达购物中心，到整个消费过程结束，用户可享受免费的无线网络，利用智慧系统实现智慧停车、地理位置服务，还可享受会员优惠等，经营者能够实现线上及线下运营的融合，通过打造智慧场景，为消费者提供全新购物体验，推动自身向新零售的转型，而多数传统电商却无法实现这一点。

◎ 场景零售路径：思维、科技与实践

不过，无论是依托网络渠道发展的电商企业，还是在场景方面具备先天优势但智慧不足的实体企业，在进行新零售转型过程中都遇到了很多阻力。那么，实体企业怎样才能增强自身的核心竞争力呢？

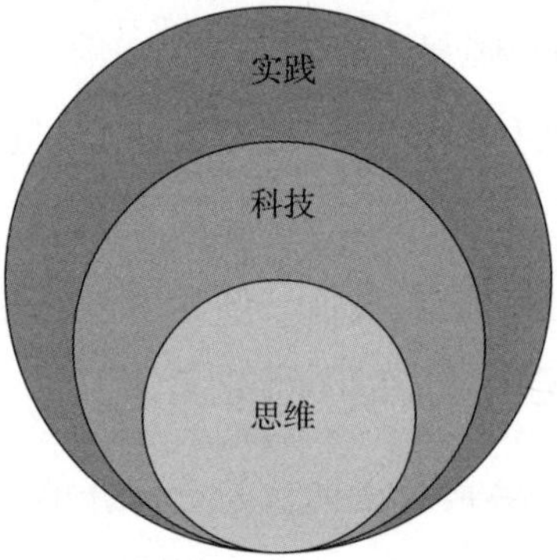

图4－3　场景零售需关注的三个层面

经营者需在发展过程中同时关注思维、科技及具体实践三个方面。

◆ 思维

如今，很多领域都在积极寻求自身转型，并且主动学习互联网企业的模式，更加注重用户体验，完善自身服务体系。

举例来说，华为公司旨在帮助运营商解决信息与通信问题，为此，公司对运营商进行思维方面的指导，使其将用户需求作为运营重点，为用户提供及时通信服务。传统实体企业在向新零售转型过程中，也必须经历思维革新，根据用户的内在需求搭建智慧场景。

另外，在互联网行业发展过程中，能够把握先机的企业就能将竞争对手远远甩在身后，因此，实体企业必须突破传统思维模式的限制，提

前做好转型准备，以免在竞争中处于劣势。

◆ 科技

在搭建及应用智慧场景时，要充分认识到科技的重要性，通过科技的应用推动自身发展，发挥大数据、物联网、人工智能等现代化信息技术的作用。

具体而言，企业可通过大数据技术来收集产品、消费者及企业自身运转过程中由多样化机器、设备产生的多种数据信息，并进行深度处理与分析，为自身决策提供精准的信息参考；通过物联网的应用，实现人与设备、人与数据、人与产品及服务之间的链接，使企业能够以用户为中心展开运营；通过人工智能的应用，提高企业运作的智能化和现代化水平，加速企业运转。

不过，企业在战略实施过程中，需要明确的一点是，从根本上来说，零售商从事的是零售，而非技术研发与应用，所以，专业的经营者在企业发展过程中发挥着不可替代的作用，并且，企业需要集中力量出击，从而提高整体资源利用率。

◆ 实践

当企业能够以正确的思维方式和先进的科技力量来引导自身发展时，下一步要做的就是具体实践，通过真实的操作及运营发现智慧场景的优势及不足，并在发展过程中进行调整，逐步更新与完善。

百度、腾讯及万达采用实体商业经营和电商运营相结合的模式，多次举办大规模营销活动，是典型的实践代表。

例如，在 2016 年的电商节，飞凡商业联盟与 3000 多家实体企业合作，共同掀起场景体验的大潮，促进了飞凡移动端应用的普及。在“双 11”活动期间，飞凡联盟携手数千家实体企业，通过打造智慧场景，并融入更多娱乐化元素，通过使用虚拟现实技术，增强消费者之间的互动，进一步提升了用户体验。

迄今为止，电商经营者已经多次推出“双11”与“6·18”活动，然而，大部分电商企业在线下的运营都不完善，尽管经营者每次在活动期间都采取形式多样的营销策略来吸引消费者，但仍然存在严重的同质化现象，导致消费者的兴趣逐年降低，商家也无法获得迅速发展。

可想而知，除马云的阿里巴巴之外，还会有很多实力雄厚的线上企业会朝新零售方向发展，并将“新零售”作为吸引消费者的重要法宝。当前，传统电商的不足之处在于，拥有互联网技术却缺乏场景，这个问题恐怕需要很长一段时间来解决，因此，在接下来的发展中肯定会有很多传统电商企业走向末路。另一边，有着场景优势的实体商家，应该抓住这次机会，积极应用互联网技术，在新零售时代下积极转型，突显自身的优势。

第 5 章

全渠道零售：给消费者提供无缝购物体验

5.1 打破渠道壁垒，构建全渠道零售运营模式

◎ 全渠道：概念、内涵与演变历程

【场景一】

某时尚达人在逛街的时候看到一位路人的鞋子非常好看，就用谷歌眼镜将鞋子的款式、颜色扫描了下来并进行搜索，得到相关的品牌信息之后利用手机终端查询到这款鞋子的价格、库存、配送等信息，之后借助 APP 模拟试穿，并将图片发送给好友获取好评。

【场景二】

某位顾客进入一家商店，商店通过对其进行面部识别、刷会员卡等方式查询到这位顾客之前的购买信息，信息自动发送到某位店员的平板电脑上面，店员根据这些信息上前问候、接待。在这位顾客查看商品的时候，店员可根据其购物车中未结算的商品信息推断出这位顾客的需要，进而向其推荐商品，说明现在可享受的折扣优惠。在这位顾客选定商品之后，在结算的过程中，该顾客不愿意排队结算，就进行了手机支付。顾客完成交易，其购买信息会自动存入商店的数据库中。

在第一个场景中，顾客通过谷歌眼镜、手机等设备完成了购物；在第二个场景中，商店与顾客分别借助数据库和手机完成了营销和支付。尽管这两个场景不同，但有一个共同的特点：借助数据库将线上渠道实

体化，线下渠道网络化，带给顾客一种从线上到线下无缝衔接的消费体验。如今，随着社会的发展，科技对生活、生产的影响无处不在，全渠道营销、无缝化消费体验近在眼前。

◆ 全渠道的概念与内涵

所谓的“全渠道（Omni-Channel）”，与单渠道、多渠道相对。关于全渠道的定义有很多，各有各的见解。其中，英国 Webcredible 公司[①]认为，全渠道的意思就是正确地做很多渠道，让标准的服务和相同的品牌在不同的渠道中传播，将不拘时间、地点，不拘泥于某种技术进行传播交流的渠道提供给顾客，为顾客带来无缝化的体验。

在多渠道、跨渠道等概念出现之后，人们发现了其中的缺点，希望能进一步推动渠道融合，进而提出了全渠道的概念。这个概念是从对客户需求和消费行为的理解中抽离出来的，抽离出来之后以将品牌融入顾客生活为目的进行产品设计，最后选择合适的技术将优质的购物体验传达给客户。

其核心价值在于在保证客户对产品的感知差异不大的情况下提升自身利益。其着眼点在于以顾客为中心，借助多渠道和顾客构建联系，为顾客提供相同的购物体验。这个相同指的是，无论顾客是在实体店购物还是在网店购物，抑或是在移动终端购物，其购物体验都是一样的。全渠道战略的特征就是：社交化、本地化、移动化和个性化。

当然，关于全渠道的含义，从不同的角度理解能得出不同的结论。从零售商的角度来说，全渠道就是以顾客为中心，借助信息技术打造一体化渠道，给客户提供一致的购物体验；从顾客的角度来说，全渠道就是使顾客能时时刻刻享受到无缝化的、无边界的购物体验。

---

① Webcredible 公司的总部位于英国伦敦，是一家用户体验机构，创建了高效和令人愉悦的数字体验。

◆ 零售渠道的演变历程

一般来讲，渠道演化过程可以分为四个阶段，分别是实体店时代、电子商务时代、多渠道、全渠道，其中，多渠道还可以细分为跨渠道、O2O 等概念。

首先，在实体店时代，零售业主要以实体门店为主，其模式以百货商场、超市等坐店经营模式为主。之后，伴随着互联网的兴起与发展，以淘宝网、亚马逊等为代表的虚拟网络商店出现，其模式有 B2C、C2C。

近年来，以苏宁、京东为代表的传统零售商开始拓展销售渠道，打破单一的店面经营模式，将零售业务拓展到了实体店、网上商城、微信、微博等多个场所，实现了跨渠道营销。在跨渠道营销的基础上，对各渠道进行整合、衔接，产生了多渠道营销。

其次，还有一个 O2O 模式。O2O 模式是虚拟融合模式，是眼下最受我国零售商喜爱的一种模式，从线上汇聚顾客到线下消费，实现了线上与线下的融合，为企业带来了优质的营销体验，也为客户带来了优质的购物体验，一举两得。

最后，在多媒体时代，在多渠道整合的基础上产生了一个新的概念——全渠道。在全渠道条件下，营销的主动权掌握在消费者手中，消费者可以借助各社交媒体对零售商终端进行选择，享受极致的购物体验。从零售商的角度来看，全渠道就是在多渠道的基础上，对各个渠道进行整合，让各前、后台的系统实现一体化，为客户提供一种无缝化体验。从消费者的角度来说，全渠道就是可以让消费者在一个渠道挑选产品，在另一个渠道进行比较，最后再选择第三个渠道进行支付购买。

在全渠道营销模式下，客流、物流、店流、信息流和资金流都能实现自由流通，在社交媒体的帮助下，能给用户提供无缝化的购物体验。

在零售领域，全渠道零售是最好的状态。就我国目前的行业状态来说，全渠道在应用推行方面面临着一定的困难，但是其理念已经为人们所熟知，很多企业都在尝试以 O2O 模式为基点向其推进演化。

目前，很多传统电商都在倾力打造电商平台或者手机终端业务平台来抢占虚拟市场。以“双 11”为例，在这个因电商而生的特殊节日里，京东和天猫的对抗一直以来都是热点。此外，苏宁易购、1 号店、凡客诚品、当当网等也都在探索适合自己的电商模式，如京东的自营式 B2C 模式、1 号店的“网上超市”模式、苏宁的“电商 + 店商 + 零售服务商”模式等，都有力地证明了传统零售企业开始突破单一的营销模式，朝着多渠道经营转变。

◎ 零售企业实施全渠道的制约因素

◆ 外部环境制约

以前，我国百货公司发展主要依靠销售返点和租金支持，对于这类百货公司来说，开展全渠道营销最大的困境就是没有自营商品，不能掌控商品的所有权。另外，我国的中小零售企业过于分散，这种碎片化的经营模式也给全渠道营销的开展带来了很大的困难。

据调查，在全国百强连锁企业中零售企业仅占据了十几个份额，并且这些零售企业多为区域型零售企业，并非全国性零售企业。这些企业往往影响力小、覆盖的范围小；其提供的产品往往类型少，同质化现象严重。相较于天猫、京东、淘宝等电商来说，这些企业无论是流量还是点击率都无法与之相比。

因此，从外部环境来看，缺乏技术支持和资金支持的中小型零售企业，在开展全渠道营销方面困难重重。面对这些困难，加入第三方电商平台或可成功突围。

◆ 内部环境障碍

除外部环境制约之外，内部环境也为我国零售企业开展多渠道营销造成了多重障碍。例如，渠道流通不畅、订单系统不完善、不能及时履约、售后服务不健全、渠道绩效不能得到科学的核算等，特别是企业内部构造不完善、流程不健全为多渠道营销的开展造成了诸多难题。

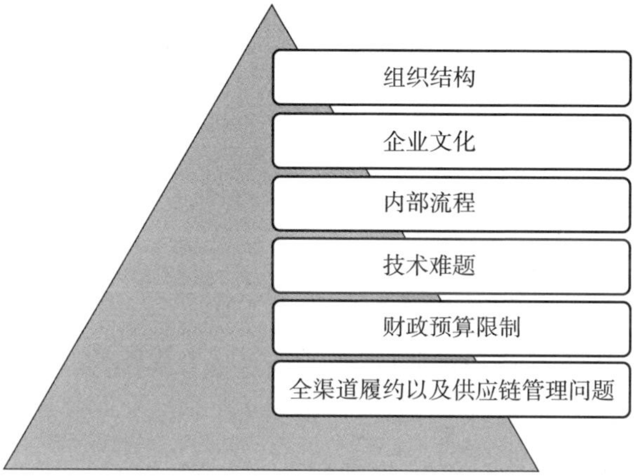

图 5－1　零售企业实施全渠道的内部制约因素

1）组织结构

企业开展多渠道营销的第一步就是构建组织结构。企业规模越大，运营模式越成熟，其组织机构就越复杂，系统改造难度也就越大。在这方面，全渠道战略的制定主体如何确定、预算如何分配、目标责任如何明确等问题都需要逐一解决。

2）企业文化

每个企业都有自己的文化基因，这个文化基因是从创业开始就流传下来的，员工习惯了这种文化基因之后，再让其改变就很困难，特别是临时组建跨部门小组对问题进行创新解决更是难上加难。衡量标尺不准确、激励措施不相符，都增加了新技术应用系统融入企业文化基因的难度。

3）内部流程

企业内部流程涉及的因素有很多，改造的难度很大。要推行全渠道战略，首先要改变看待顾客的视角，从单一的角度出发，从全局出发对顾客进行审视；其次要采用新的工具对线上、线下数据进行整合，为员工提供丰富的客户信息，支持员工开展精确营销，从而为顾客提供线上到线下的无缝化销售体验。

4）技术难题

受技术人员技术能力的制约，很多企业的软件技术平台都得不到有效地开发和应用，使得线上、线下库存不统一，线上和线下互动困难，难以满足全渠道营销要求。

5）财政预算限制

企业推行全渠道营销战略离不开资金的支持。受诸多因素的影响，如投资回报率不确定等，企业高层人员难以下决断投入巨资开展全渠道营销。部分企业采取跟随战略，选择观望、等待，以期在好的时机切入，达到一举成功。这种做法虽然避免了失败的风险，但是也失去了占领市场的先机。

6）全渠道履约以及供应链管理问题

跨渠道履约面临的最大难题就是：无论何时何地购买、提货都不会造成库存积压的想法难以实现。在传统零售业中，商品依靠订单履约。随着电商的出现和发展，传统的订单履约方式不再适用，履约方式要改变，那么到底该如何改变呢？商品流通谁负责呢？库存来自于哪里呢？不同渠道之间的利润要采取什么样的方法进行分配呢？这些问题不是几个单一的问题，而是与整个供应链密切相连。

因此，无论是全渠道履约问题，还是供应链管理问题，对于企业推行多渠道战略来说都是最大的问题。

◎ 内部变革：构建企业全渠道平台

◆ 建立适应全渠道的扁平化组织结构

企业推行全渠道战略要从企业全局出发，由企业高层管理人员做好顶层设计，各部门要统一认识，协调发展。做好员工教育与培训，让员工充分认识到品牌的力量，认识到顾客体验的作用，在企业各部门之间、各渠道之间设立协作机制，推动公司组织结构朝着扁平化方向发展，以促使其与企业的全渠道发展相适应。

◆ 企业文化重构

1）破除部门之间、渠道之间的阻碍，在部门之间构建全渠道；

2）以客户为中心重新架构组织结构，消除内部制度对企业运行的干扰，以促使其适应分工协作；

3）构建一个良好的客户关系，保证员工能够从全渠道的角度出发看待问题，让员工能够充分发挥个人能力在企业间传递全渠道的价值；

4）对员工进行培训与教育，为员工分享技能和知识提供一个良好的环境。

◆ 传统实体店进行虚拟化，网店、移动平台实体化

在实体店中增设虚拟化设施，如为用户提供免费无线网、POS机结账服务、展示屏、智能电视、虚拟电视墙等，为顾客提供一个环境良好的上网空间，让顾客在实体店中就能享受到家庭网络购物体验。同时，还要为员工配备平板电脑，以方便其开展业务咨询和购物结算。

电商网店最大的劣势就是用户不能试用，不能获得真实的购物体验。为了破除这个劣势，网站可以选择一些高标准化、易描述、便于比较的产品。如果是服装类产品，为了增强顾客的购物体验，可以让用户上传自己的照片进行试穿。此外，还要完善快捷的购物系统和订货系统、安全的支付系统、透明的库存系统、网店退换货系统、购物评价系统等，来延伸企业货架，方便顾客和店家的交流，为用户顾客提供真实、安全的购物体验。

移动终端实体化。移动终端实体化之后可存储购物单和产品价格信息；借助移动终端对二维码进行扫描以实现快捷支付；为用户提供店内

导航，通知用户商店的促销活动信息；为用户发放优惠券；给用户提供发货通知；支持用户为商品做出评价、打分；购物单共享；与店家进行交流等。

◆ 零售企业内部渠道流动

在全渠道背景下，虚拟电商、实体店商和移动终端等渠道的库存都必须实现一体化、可视化。要想做到这一点，零售企业之间的渠道壁垒必须破除，从而可以在渠道间进行协同作业。要从全局高度出发，站在单一的视角下推动货物在渠道间的自由流通。在这种模式下，各个分销中心的工作将由本辖区的门店库存维护转向为其他分销中心、门店的库存维护服务。

依据"地理位置就近"原则，与顾客距离最近的门店是第一履约责任人，该门店要负责处理好实体门店的顾客购物履约问题，还要处理好来自电商和移动终端的订单履约问题，同时还要负责做好这三方面顾客订单的退换货服务。

采取这种就近门店为客户提供退换货服务的方法，节省了货物运输成本，能够打消顾客购物的担忧，推动线上客户向线下实体店回流，能有效防止渠道蚕食问题的出现，还能有效防止实体店沦为"展览室"。

◆ 搭建全渠道平台

全渠道平台的构建需要从全局出发来完成，需要对企业各部门的责任、职能进行整合。全渠道平台由两部分构成：一部分是前台，指的是和客户接触的终端；另一部分是后台，指的是能带给顾客无缝化购物体验的终端。

其中，前台包括门店、网店、目录、微博、微信、传统媒体、社交媒体互动等部分；后台包括结算系统、订单处理系统、库存管理系统、智能化 CRM、第三方平台接口等系统以及支持这些系统运行的数据库处理平台。数据库包括 PIM 产品信息系统、OMS 订单管理系统、CRM 客户关系管理系统等。

◎ 精准营销：开启全渠道营销模式

尽管目前全渠道购物模式在应用方面面临着许多问题，但是其发展前景却异常广阔。在未来，以消费者体验为中心，构建无缝化营销将成为企业发展依循的重要战略。

企业推行全渠道营销必须以消费者的无缝体验为中心，为消费者提供一站式的购物渠道。在信息时代，对于身处海量信息中的消费者来说，打破现存的分散化、碎片化的信息状态，建立一个全球性的购物平台，拓宽商品种类，带给消费者一站式的购物体验非常关键。

这个平台的搭建，可以汇集全国一线品牌，也可以是构建跨区域、跨行业的电商平台。无论采取哪种方法，最为关键的一点都是：一定要进行差异化营销，向消费者传递品牌价值，为消费者提供优质的购物体验。

◆ 智能化的客服中心

过去，客服中心的服务方法主要有两种，一是电话沟通，二是邮件沟通。在全渠道背景下，随着智能手机、平板电脑等设备的广泛应用和互联网的普及，顾客借助社交媒体、网上自助服务、电子邮件、实时聊天等工具能获取多种渠道，因此，客服中心的服务方法也要朝着电子化、智能化的方向改变。

1）顾客在借助移动终端、社交媒体或者电话、邮件等渠道与客服渠道进行联系时，需要客服中心对这种渠道迁移进行灵活处理。智能化的客服服务采用“顾客自助服务 + 人工客服”的模式恰好满足了这一需要。

2）智能客服中心还能对用户数据信息（如顾客的语音投诉）进行收集和处理，这些信息很有可能会转变为有价值的商务信息，为顾客的购物活动服务。

3）智能化客服中心需打破单一的数据存储功能，将顾客介入系统和企业后台的办公记录系统相连接，更好地为顾客服务。

◆ 客户体验和忠诚计划

在现实生活中，每个人都是消费者，都能针对某个产品或者服务做出评价。在这样的情况下，借助于社交媒体，顾客在选购商品的时候能轻而易举地获取有益的建议。顾客的评价对商品的销售情况有着直接影响，这就促使零售商不得不尽快对顾客的不满意、差评做出处理，以便争取顾客的好感，塑造良好的品牌形象。

消费者在购物过程中，面对如此多的渠道，他们希望能从不同的渠道获取良好的购物体验。因此，对于零售商来说，面对全渠道营销，其最主要的任务就是保证顾客能从不同的渠道获得一致的购物体验，通过建立隐藏的转换成本来增强顾客黏度。

最终要做到：将线下实体店和线上电商的各种优势结合起来，让线上实体店带给用户网店般的购物体验，让网店带给用户实体店般的购物体验，从而带给消费者极致的购物体验。

◆ 精确营销——促销与推销

全渠道营销的目的就是能针对顾客开展精确营销。通过整合线上、线下数据库，对顾客的购物信息，如网站关注与否、网站停留时间、购物车中的物品类型、消费记录等使用大数据技术对其进行分析，以针对顾客的消费能力和消费偏好来进行精确营销，例如，在某个合适的时间为顾客提供折扣券等，以促使顾客达成交易。

全渠道营销时代不是莫名到来的，它是伴随着人们生活方式的改变而来的。随着互联网的普及和智能手机、平板电脑的推广应用，网络、手机占据了人们大部分的时间，承载了包括工作、娱乐、社交、游戏、购物在内的多种功能，推动人们的生活发生了很大的改变。对于零售商来说，全渠道营销已经演变成了一种长期发展战略，对企业的未来发展形势有着非常重要的影响。

5.2 全渠道转型：从渠道变革到商业战略重塑

◎ 逆境突围：进入全渠道竞争时代

近两年来，大型超市及百货商店代表的实体零售业态发展并不顺利，无论是利润获取还是销售业绩，都出现了下跌。根据国家商务部公开的统计结果，我国零售行业5000家企业的销售额增长比重较低，许多企业在利润获取及营收方面甚至出现下跌，且这种情况并未在短时间内有所改善。

百货业的发展同样也不容乐观，相比于百货业态，超市的恢复要快一些，华润万家、永辉超市、步步高等零售超市的销售额都出现小幅增长，其中，以永辉超市、步步高为代表的零售业的增长幅度超过10%。

在整个零售业发展不景气的大背景下，便利店的增长率却达20%以上。总体而言，新开店铺减少、退出店铺增多，小规模实体店的发展速度较快，而大型超市及百货增速减缓，是该行业在近两年的总体发展形势。

另外，虽然现阶段的“关店潮”多发生在经济发展水平较高的国内城市，但随着发展，其影响可能会蔓延至经济发展相对落后的地区，届时，更多的实体店将面临停止经营的局面。

那么，为什么国内实体零售行业会出现“关店潮”呢？经营成本不断增加、电商迅速发展给实体零售带来挑战、同类企业之间的恶性竞争，以及政策落地的影响等都是主要原因，“关店潮”的发生反映出市场的自我调节作用，当“关店潮”愈演愈烈时，实体零售业要维持自身的生存地位，就要主动寻求自身改革，积极应对。

行业发展大局呈现出不同的姿态，使身处其中的实体零售业不得不采取应对措施，对传统商业模式进行改革。近两年来，零售业转型变得越来越普遍，很多企业开始打造独立品牌、采用 O2O 全渠道布局，百货业采取自营模式等，这些措施被众多实体零售业运用到了转型过程中。

上文中提到的大型超市、百货增速减缓，小型实体店增长突出的现象，也反映出我国实体零售业态的结构改革：以联华快客、罗森、好邻居为代表的便利店业态逐渐扩大覆盖范围，与此同时，零售行业内的其他形态经营者也试图在这个领域进行开拓。举例来说，家乐福之前并未涉及便利店经营，但前两年却在上海建立了 3 个便利店。

与此同时，步步高计划在 2020 年建设 10 万家便利店，简称“万店计划”，而华润万家也在积极开拓社区超市，另外，北京华冠超市也将在乡镇社区便利店的开拓上倾注更多的资源，从中能够看出，近几年，便利店零售业态的发展呈蓬勃之势。

有业内研究者认为，在今后的发展过程中，会有越来越多的实体商超趋向于选择小规模零售店的运营，通过采用 O2O 模式，为社区居民提供购物服务，并通过这种方式促进自身转型。

小规模业态的实体零售店有多种表现形式，如便利店、鲜花店、母婴店、蛋糕店等，这些店铺的经营具有较强的针对性，能够对接消费者的特定需求，具有开店成本低、发展迅速、能够有效缩短与消费者的距离、可与电商平台协同发展、利润空间大的优点，能够吸引众多消费者，这给大型超商的发展带来了压力。

此外，大型超市、百货的业态发展之所以与便利店的发展呈现出明显的差别，不只是因为它们具有不同的特点，还因为很多企业不愿放弃传统盈利模式，而部分企业能够积极应对外部环境的变化，进行自身调整与改革。

以安徽乐城超市的发展为例，该企业近两年来发展增速十分明显，在零售业整体发展下行的大背景下能够脱颖而出，原因就是不断提高自身经营能力，通过先进技术的应用及小规模实体店的建立突破了其原有模式。

此外，还有多家企业通过整合供应链为自身发展创造机会。例如，王府井百货、利丰贸易以及百联股份创办合资企业，共同打造独立品牌，并发展自营百货；永辉超市、华联超市、百联股份、武汉中百共同建设供应链体系；步步高集团与包括三江购物、天虹在内的 20 多家企业联手推出全球联采众筹平台，建设能够覆盖至世界各地的供应链体系；永辉超市先与上海东展国际贸易公司、上海蔬菜集团等达成股份合作关系，之后又联合韩国 CJ 集团建设合资企业。

由此可见，面对行业整体的变化，众多零售业开始通过提高自身能力、主动进行改革的方式维持自身运营，积极开辟新的发展道路。

那些从宏观发展角度考虑问题的零售企业，供应链改革能够推动实体零售业的转型，促进其加速自身运转。其原因有两点：第一，电商行业的快速发展使实体零售面临严峻挑战，为了维持自身的利润获得，避免既得市场被抢走，实体零售企业不得不壮大自己的竞争实力；第二，整个行业的布局已经不同于以往，为了实施全渠道战略，企业有必要加强与产业链上游环节的合作，保证商品资源的充足供应。

供应链改革只是零售业转型升级的一方面，除此之外，零售行业改革还体现在以下几个方面：

★ 零售业开始改革传统的经营模式，进行联合采购，促使零售企业转向自营，打造独立品牌，对传统模式下的业态组成结构进行调整；

★ 采用 O2O 模式，发挥互联网的优势，将不同渠道的业务运营结合起来，完善配送体系，采用线上下单、实体店自取，或者线上下单、实体店配送的方式，通过实体运营为消费者的线下体验提供便利；

★ 丰富零售行业的业态形式，朝垂直方向拓展，以社区开发为重点，增加社区便利店与小规模实体店的数量。

目前，业内人士一致认为，零售企业应通过 O2O 全渠道布局战略的实施实现转型。尽管包括旅游、餐饮、母婴行业、房地产等在内的众多领域在 O2O 模式的实践过程中都遇到了很多问题，但不可否认的是，实体零售业的 O2O 全渠道发展，将进入快速发展阶段。

数据统计结果显示，在国内连锁企业中排名居于前 100 位的商家里，有接近 85% 的企业在电商领域有所举动，零售业 O2O 全渠道已经从理论探索、初步试水，进入普遍应用的阶段，各类业态并存、商家的品类范围也在逐步扩大，与此同时，跨境电商的潜力逐渐显露出来，移动端消费的发展尤为突出。

另外，许多实体零售企业在向线上渠道拓展的过程中，其线上业务的运营逐渐步入正轨，可能在不久的将来实现盈利。此外，很多实力型电商企业还主动联手线下企业，在资本合作方面达成一致，进一步促进了 O2O 模式的落地。

O2O 全渠道战略的实施，已经从之前的初步探索，到之后的快速发展，再到后来的策略改进，该模式到 2016 年迎来发展拐点，这意味着，O2O 全渠道是否行得通，就看其在未来几年的进展如何。从总体上来说，实体零售的改革将加速进行，并朝垂直方向延伸，企业经营将突破传统的行业界限，体现出自身的独特性，通过多种方式拥抱互联网，O2O 的实践方式也会增多，随着全渠道布局的开展，很多创新模式会逐步完善，将对行业发展起到巨大的推动作用。

◎ 零售企业全渠道转型的四大关键

进入 2016 年以来，全渠道建设成为零售商们关注的焦点。2015 年我国网购用户规模为4.13亿人，对一个拥有超过13亿人口的庞大市场而言，未来线上用户群体仍存在着巨大的增长空间。

因此，能够将线下与线上实现无缝对接的全渠道运营模式，将会为零售企业创造出巨大的价值。具体来看，零售企业在全渠道建设的过程中，需要注意以下四点：

◆ 变化：消费者购物习惯和市场环境

随着以用户需求为核心的新消费时代的来临，消费需求越发个性化及多元化，许多零售企业在这场巨大的消费变革中被时代的洪流淹没。新消费时代，零售商扮演的角色也有了新的定义：零售商需要为消费者提供实时、个性化的购物服务，将以用户为中心融入企业文化，让员工主动为用户创造价值，同时借助移动互联网，让用户享受到更为优质的售后服务。

随着消费需求的进一步升级，人们不再简单地满足于单一的购物方式，而是想要在各种各样的生活场景中通过丰富多元的购物渠道，来随时随地购买自己需要的产品，并且要有较高质量的物流配送服务商和完善的售后网点来为自己提供优质的服务。在这种背景下，零售商必须积极实施全渠道转型，才能充分满足消费者的需求。

◆ 挑战：仓储物流服务的整合

现阶段，如何将库存储备、销售渠道与仓储物流服务实现高度整合，成为零售产业亟须解决的一大痛点。此外，不断增加的租金成本与人力成本使得零售商们面临的资金压力大幅度增加，很多零售从业者对线下门店在移动互联网时代的价值产生了质疑。而全渠道模式则可以帮助零售商有效解决这些问题，让广大消费者真正享受到前所未有的极致购物体验。

目前，绝大多数零售商的转型之路都走得格外艰难，在渠道整合方面进展十分缓慢。无论是布局线上业务的实体零售商，还是探索线下业务的电商企业，在全渠道转型方面都遇到了巨大的阻力。造成这种问题的很大一部分原因是零售商们对自己在新消费时代的定位、转型全渠道模式背后的逻辑缺乏足够的认识。

事实上，在新消费时代，零售商首先要做的就是明确自身在市场中的定位，并尝试和更多的合作伙伴进行合作，来为消费者提供更为优质的服务体验，从而实现多方共赢。零售商需要明白的是，实施全渠道模式转型的原因绝不是为了简单地通过更多的渠道来提升产品销量，而是零售企业在新消费时代能够真正满足用户需求的一种必然选择。

◆ 痛点：供应链体系的完善

在新消费时代，零售商的供应链发生了重大变革。消费者的话语权得到了极大的提升，此时，零售企业获取利润将建立在充分满足用户个性化购物需求的基础之上。

不断增加的运营成本及行业竞争，使得零售商们面临着前所未有的巨大挑战。在满足用户需求的同时，获取更高的利润，优化库存成为一大重要因素。在全渠道模式中，零售商需要建立全新的物流仓储体系。因为企业可能在线下门店为线上用户发货，在门店搜集用户订单等。此时，零售商需要做到库存的可视化和柔性化，能够实时了解每一种产品的库存状态。

零售商想要提升线下门店的客流量，并提升线上产品销量，必须推进线下门店的数据化、拓展更多的功能。这将使零售商能以一种更为高效率、低成本的方式为消费者提供产品和服务，同时也能帮助零售商获取更高的价值。供应链所发生的巨大变革，使得线下门店与仓储中心之间的界限变得愈加模糊。

国内电商巨头阿里与京东在拓展线下门店的功能方面的布局，值得零售商们充分借鉴。二者将与自身建立合作关系的线下门店转变为消费者放置包裹的自提网点，在很多零售商尚未认识到全渠道模式之时，阿里与京东已经悄然将线下门店升级为兼具销售、展示、配送等多种功能的服务网点。

零售商不仅要使自身的库存实现可视化和柔性化，更要为仓储物流、线下门店等建立统一的规则。此外，还要对员工进行培训，确保他们能够为顾客提供精准、实时的库存信息，并提供更多的物流服务解决方案。

随着提升用户忠实度在企业参与市场竞争中发挥的作用越发关键，零售商们需要充分发挥线下门店的各种功能，并深度挖掘门店员工的潜在价值，成为供应链变革的关键所在。此外，零售商要想成功实施全渠道模式转型，必须提升线下门店的物流服务水平，使供应链更加智能化及自动化，这样才能更好地为全渠道提供优质服务。

◆ 技术：全渠道建设的基础

毋庸置疑全渠道建设需要有足够的技术以提供强有力的支撑。事实上，在国内市场中，具备为零售商提供供应链服务解决方案，帮助其转型全渠道的技术服务商屈指可数。这也是导致国内零售企业全渠道转型难以落地的一大重要因素。

全球领先的供应链管理系统及仓库管理系统供应商曼哈顿软件在全渠道技术领域具备较强的品牌影响力。目前，曼哈顿软件已经与包括美国的 Giant Eagle①、新加坡的 RedMart② 及英国的阿斯达在内的多家国际零售巨头建立了战略合作关系。

曼哈顿之所以能够为零售企业提供订单管理、仓库管理及供应链管理等方面的智能化解决方案，主要是因为在以下几个方面具备较强的领

① Giant Eagle 即巨鹰连锁超市，成立于 1931 年，总部位于美国匹兹堡，是世界上最大的食品零售商。

② RedMart 是新加坡领先的食品在线商店。

先优势：

★ 通过帮助企业实现供需平衡、对库存进行优化、提升服务水平、降低运营成本，来有效解决企业在转型全渠道模式过程中难以盈利的问题。

★ 通过对前端系统及后端的物流服务方案进行整合，从而使零售商具备更强的引流能力。

★ 推动企业实现全网库存可视化和柔性化，从而有效提升产品销量，并降低运营成本，使企业实现价值最大化。

★ 可以帮助企业根据用户需求提供个性化及定制化物流配送服务，从而提升用户购物服务体验。

★ 对零售产业链各个环节中的参与者的工作流程进行优化，并加强他们之间的交流合作。

★ 在为消费者提供优质的全渠道购物服务的同时，帮助零售商降低仓储及物流成本。

★ 提高零售商线下门店、配送中心、线上商城等模块的价值创造能力及资源利用率，从而帮助零售商获取更多的回报。

◎ 从史泰博全渠道店看零售业变革

为了应对互联网发展给零售业带来的挑战，美国史泰博公司于 2013 年 6 月推出了两家新型的全渠道商店，并于 2013 年底将其旗下的 45 家传统零售商店改造成了全渠道商店。全渠道商店的出现帮助史泰博公司改善了业务不断下降的现状，并被史泰博公司视为新的业务增长点。

◆ 史泰博的全渠道商店

史泰博是全球最大的办公用品零售商之一，受无纸化办公的冲击，其核心产品销量大减。为了应对这种变化形势，史泰博于 2013 年 6 月推出了两家全渠道商店（Omni channel Stores）。相较于史泰博传统的零售门店来说，这两家全渠道商店有一些独特之处。

首先，传统史泰博商店的面积为18000～24000平方英尺，商品种类有7000～8000个；而全渠道商店的店铺面积仅在12000平方英尺左右，商品种类只有那些热卖商品，在线热门商品不放在店铺中展示。

其次，传统的史泰博商店中只有一个能上网的电子零售屏；全渠道商品中则有多个电子零售屏，这些电子零售屏散落在各处，功能不同，为消费者购物提供了极大的方便。其中部分电子零售屏能为顾客提供网购服务，部分电子零售屏则可以显示商品的仓储信息，如某款商品现有库存是多少，某款商品在哪里可以找到，等等。另外，借助电子零售屏，商店的工作人员也能非常便捷地处理订单。

最后，全渠道商店还设置了储藏室，为消费者线上下单、线下取货提供了方便。

在全渠道商店推出之后的半年里，史泰博便将其旗下45家传统零售商店改造成了新型全渠道商店，并将这种战略转型视为新的业务增长点。

除史泰博之外，美国梅西、中国银泰百货等公司也都在尝试经营全渠道商店。“全渠道零售（Omni channel Retailing）”一词首次在美国出现是在2011年，现如今，全渠道零售、全渠道商店受到的关注度越来越高，并突破理论，走向了实践阶段。但显然，现有的全渠道商店模式尚未成熟，依然处于探索阶段，各零售企业也只能在摸索中前进，在积累中发展。随着探索的深入，人们对未来零售的认识也开始日渐明晰。

◆ 未来零售是全渠道零售时代

未来，消费者的购物活动将在实体店、专卖店及各种网络平台间自由切换，智能手机、智能电视、平板电脑将成为购物活动最重要的3个流量入口。在消费者全渠道购物模式的推动下，企业将实现全渠道零售。

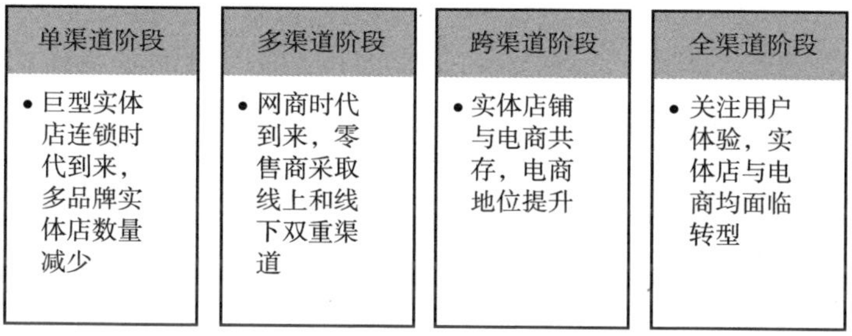

图 5－2　零售渠道变革的路线

全渠道零售并不意味着多。Cegid[①] 软件公司的产品零售主任 Thierry Burdin 这样解释全渠道零售，他认为，全渠道零售是单渠道—多渠道—跨渠道—全渠道演化的结果。从这个观点来看，实体店就是典型的单渠道，实体店 + 网店就是多渠道，实体店 + 网店 + 移动商店就是跨渠道，全渠道指的则是一种以网店为主、以实体店为辅的跨渠道状态。

◆ 未来零售是线上、线下共生共荣

实体店和网店各有优势，也各有劣势：

★ 实体店的优势：商家能与顾客面对面地交流与互动，能带给顾客真实的消费体验。

★ 实体店的劣势：实体店的经营空间有限，能展示的商品种类有限，只能销售一些热卖产品；受地理条件的限制，实体零售店的经营范围有限，只能局限在某个地域空间内，如社区，对其他地区的影响力有限。

★ 网店的优势：经营空间不受限，只要是网络覆盖的区域就有机

① Cegid 是国际知名的企业解决方案提供商，拥有超过 30 年的零售行业经验，能够帮助企业提高销售，促进业务增长。

会达成交易；经营时间不受限，可实现全天 24 小时不间断营业；产品展示空间不受限，且能使长尾优势得到充分发挥。

★ 网店的劣势：商家和顾客不能进行面对面交流，顾客只能凭借卖家描述或买家评价来了解产品，缺乏可控感，相较于实体店铺来说，购物体验有所欠缺。

实体店与零售店的相互作用既能产生正面影响，也能产生负面影响，关键问题是如何对负面影响进行抑制，将正面影响推向主导地位，让实体店铺与网络店铺的优势得以充分发挥，使两者能相互补充、相互影响，使市场外延得以扩展，使销售额有效增加。

该问题解决的关键在于如何将线上与线下有机结合在一起，促使线上与线下实现良好的互动。谁能找到这两个问题的解决方案，谁就能在激烈的市场竞争中占据优势地位。

以史泰博的新型全渠道零售店为例，未来实体店的面积将会逐渐缩小，其对市场反应的灵活度将逐渐提升；商品展示的种类将越来越少，但是展示形式将越来越艺术化。实体店以增强消费者的购物体验为目的转变成了体验店，越来越多的长尾产品被放到线上销售，线上所得订单交由仓储中心统一发货。

由此可见，未来的零售实现了线上网店与线下实体店的有机结合，将虚拟网店开设在实体店铺之中，既能解决实体店铺经营空间有限的问题，又能使虚拟网店的长尾优势得以有效发挥，一种新型 O2O 超市模式得以有效构建。

◆ 未来零售是 SoLoMo 新营销

约翰·杜尔[①]于 2011 年 2 月提出了“SoLoMo”这一概念，在全球范围内掀起了 SoLoMo 讨论热潮。SoLoMo 是 Social、Local、Mobile 三个

---

① 约翰·杜尔（John Doerr）1951 年出生于美国，是美国最有影响力、最具创意、最不拘传统的冒险资本投资家之一，被誉为“风险投资之王”。

单词整合在一起后的简称，说明 SoLoMo 兼具社交、本地化和移动三大特性。

约翰·杜尔之所以以这种方式将 Social、Local、Mobile 三个单词整合在一起，是因为现如今社会已经进入了消费者时代，如何消费、消费什么，完全取决于消费者。现如今，消费者在觉醒，其主要标志就是 SoLoMo 消费群体的兴起。

随着互联网的发展，消费者借助互联网在消费活动中获取了主动权，他们可以自由地决定消费时间、消费地点和消费方式，有效地击溃了传统零售活动中的零售商霸权。电商与手机购物、平板电脑购物、电视购物迅速地结合在了一起，使消费者的购物习惯得到了极大的改变。例如，消费者可以在社交平台上分享自己的购物体验，可以使用手机软件对某款商品的价格进行比较，对其他消费者产生影响。在这种消费新势力的影响下，未来零售业的格局必将被刷新。

在以前，人们都将 SoLoMo 视为一种商业模式，一种获取财富的手段。现如今，随着新媒体的崛起、社会化消费群体的兴起、移动商务的普及，人们应改变对 SoLoMo 的认识。对于零售企业来说，相较于商业模式、获取财富的手段来说，SoLoMo 更应被视为一种面对未来零售的新营销方式。

5.3 从全渠道到全零售：国美零售生态的变革升级

◎“互联网＋”时代，重塑企业供应链

“互联网＋”在近年来一度成为各大行业的热词，尤其是借着李克强总理“实体店与网店并不冲突，实体店不仅不会受到冲击，还会借助‘互联网＋’重获新生”的讲话，使得“互联网＋”迅速站在了资本市场的风口，被机构和股民热切关注。同时，零售企业于转型的艰难探索中获得了信心，国美就是其中一个典型代表。

在互联网时代来临之时，国美敏锐地嗅到了时代信息，对企业进行理性转型，后来又抓住了“互联网＋”这个关键词，从观望到实践，从“全渠道”到“全零售”，其在零售行业中闯出了一条成功的道路，当然，这一切实践都是基于国美对于消费者越来越多元化的需求来进行不断调整和实施的。

在针对消费需求进行战略调整的推动下，国美的供应链平台不断优化，经营模式也不断创新，消费者不停进化和标准不断提高的体验要求在这里得到满足，使得国美在获得业绩增长的同时也赢得了消费者的信任，为其他零售企业展示出了一条成功的“互联网＋”转型之路。

国美以“开放式全渠道零售商”为核心，对开放式供应链平台进行持续优化，从采购到中间的物流环节，再到金融服务，整个环节都在逐渐完善。除此之外，国美还通过线上线下的有效结合，加以移动终端

的强力辅助，并同其他社会渠道的填充，形成了一个共享终端平台，主要阵地建立在资源丰富的核心城市，并借助其优势向周边地区进行辐射，综合跨区域与跨渠道，建立起了完整的服务模式。

全零售体验								
一级门店	二级门店	百货	超市	O2M微店	国美在线自营业务	国美在线平台业务	移动端	……

图 5－3 国美全零售战略

这种开放型供应链平台最显著的优势首先在于供应链低成本的投入，其次在于高效率和商品差异化销售。这种优势为国美带来了较强的经营活力，无论是在成本的控制、销售增长还是毛利率、销售额同比增长等各方面，国美都处在一个较高的水平线上，远比同行业水平要高，开放型供应链的不断完善将成为其在未来竞争中获胜的法宝。

此外，供应链价值平台还有一个巨大的好处，即为国美稳定库存周转至一个常态水平，大致在 60～70 天。这个周转周期使得现金流转灵活，为国美带来了大量的现金流。供应链的成熟稳定加之其基础设施的完善为国美的经营打下了良好的基础，与此同时，采购平台不断强化也使得国美商品经营能力与日俱增，为国美的优异业绩立下了汗马功劳。

国美的商品选购能力、采购能力和零售价格控制能力决定了零售企业的供应链能力，其中商品选购能力是重中之重。供货商买断和包销是国美控制零售价格的主要方式，省去了中间各种价格形式的叠加，直接对话厂家，一站式完成价格形态，为消费者带来价格和体验上的双重享受，同时也显示出国美 IT 对消费者需求的强大掌控能力。

◎ 借助粉丝经济，构建全零售生态圈

现如今，由于线上线下的销售渠道融合趋势愈加明显，国美形成了家电零售生态圈，迎合了消费需求和行为的变化。随着这一行为使得销售渠道之间概念界限的模糊，不同消费场景的融合为消费者提供了更加便利的消费方式。

在此基础上，国美对自己的销售模式进行了微调，由“O2M 全渠道零售”调整升级为融会贯通的“全零售”体验模式。移动微店站在前沿成为核心发力点，而在后方则以大数据为支撑优化升级供应链价值，使得线上线下以及移动终端还有其他诸多社会渠道为消费者提供了一个全方位、立体化的公共平台，打破了渠道与渠道之间的障碍，突破了设备制约，享受移动网络和大数据带来的灵动效应，商品的多样化和服务的个性化带来终极消费体验，智能化程度进一步加深，进而把上亿的消费者拢到国美自己的全零售生态圈中来。

这种战略无疑在移动互联网的时代大获成功，国美在其指导下迅速建立了以消费者为轴心的综合竞技模式，其中包括消费场景的融合、线上大数据资源以及网络门店资源与线下实体门店的结合等，促进了电子商务的发展，借助移动网络发展移动微店，以此来带动全景粉丝经济的发展，以消费者为核心的国美生态圈由此建立起来。

“互联网 +”的生成推动了经济结构的转型，这对于各行各业来说都是无法避免的潮流。而国美正是借助这股力量，走到了“互联网 +”模式的前端，成功的转型为其提供了扶摇直上的推动力，其发展路径也必将会给其他企业提供借鉴。

客户的极致消费体验始终是国美的追求，在未来的发展态势下尤其如此。采购、物流、信息系统等价值平台为国美提供了强有力的支撑，在此基础上形成线上线下和移动终端的零售界面，通过大数据的整合分析，深入挖掘消费者的消费需求，无论从商品还是服务方面都为消费者

打造出全方位、个性化的消费体验，从而形成全国规模最为整齐的全零售平台。这一平台将为消费者、股东乃至整个社会带来巨大的价值。

同时，集团战略也起到了重要的指引作用。通过整合线上和线下的采购、物流等价值平台，深入挖掘大数据的功能作用，提高商品的多样化和差异性，拓展品类，控制成本以提高价格优势，从而打响了知名度，稳定了客户群体，提升了消费者的信任度。

除此之外，在移动互联网高速发展的时代背景下，移动 APP 也成为国美的重要关注点。线下门店都通过预装 APP 来赠送小礼品等多种方式为国美的 APP 吸纳了大量会员。

国美的目标在于通过全零售体验来打造拥有亿万消费者的全零售生态圈。为了实现这一目标，国美充分利用大数据的强大分析功能，深入了解消费者的需求，针对不同的年龄段引入相适应的产品，例如，针对年轻群体引入潮流商品，丰富通信产品的种类，等等。与此同时，国美对年轻群体对移动终端以及二级市场的需求进行了深入挖掘，激发新兴需求，从而营造出覆盖全年龄段、全渠道乃至整个市场的粉丝经济。

在整个经营界面上，国美通过微店来实现线上线下的衔接，利用社交平台强大的信息传播能力，把产品以及企业信息散播出去，提高影响力。同时，10 万家门店也给予了微店强大的后台支持，线上线下全覆盖、协调发展。微店有着惊人的容纳能力，不但能够上架海量商品，还能够同时经营多个品牌、多个种类，打破时空的界限，实现跨区域经营。

同时，微店的经营模式也十分灵活，突破了店员机械地等待顾客上门的模式，通过线上交流为客户提供一对一的人性化服务。这样就把线下平台、网络平台以及互联网数据有效结合起来，形成了一个综合型的超级平台。

与此同时，线下的体验式卖场也是国美重点打造的部分，其作用在于进一步促进线上线下的融会贯通，当然，它也是界面平台重要的组成部分。国美致力于提高体验式卖场的产品数量和服务质量，加强与消费者之间的互动，在客户消费与娱乐相结合的过程中提升客户的满意度。

采购、物流、IT、售后和金融五大全零售价值平台作为界面平台强有力的驱动，国美对此制订了详细的发展计划。如采购平台，国美以商品的差异化为主要着力点，为消费者提供全品牌商品，涉及各个规格段，并在同等级商品之间价格竞争力达到最大。

在物流方面，加强物流基础设施的建立，提高物流水平，完善整条物流链，依托线下连锁店设定“最后一公里”配送点，在全国推广“一日三达、精准配送、送装同步”的服务标准，力求让客户得到最佳的服务体验，使得物流成为商品附加值的销售保障。

而就售后平台而言，国美将进一步在全国扩大售后服务点的覆盖率，通过各种形式提供延保服务，同时以专业安装、后期维修、旧家电回收等方式为客户提供便利。

国美跟随时代的发展和变化，及时调整发展战略，从“全渠道”到“全零售”，实现了在“互联网＋”背景下的成功转型。国美对消费者的消费心理和消费习惯等多方面进行深入洞察，以此强化供应链价值平台，更新经营模式，满足消费者的极致体验需求。在这样的努力下，国美不仅成功获得了营业额的上涨，同时还获得了客户群体的信赖。

◎ 以用户为中心，挖掘深层次的需求

移动互联网的出现，带来了销售的多元化，国美没有固守传统的渠道，而是以开放的心态去开辟新的领域。

在这个时代，消费者可以随时随地地购物、体验、享受服务。过去单一的依靠规模盈利的经营方式已经一去不复返。为了寻求自身发展，留住客户，变革创新已是企业的不二选择。国美是中国最大的家电零售

连锁企业，或者说零售产品构成了国美的主要框架，所以国美从始至终一直重视零售环节的发展。

做好零售，最根本的就是要通过精准的市场调研，了解消费者的需求，不断地进行改进创新，推出新的产品，满足消费者的要求，只有这样才会留住用户，并提升用户黏性。

为此，国美调整市场战略，将线上电商与移动互联网相结合，致力于成为全渠道零售商，分别整合采购、物流、IT 三大环节，使整个销售环节更加完善、互利共赢，打造一条全新的线上与线下相结合的平台，走自己的改革发展道路。

近两年来，国美的逆势增长证明了自己在家电行业的巨头地位。但是在移动互联网时代，唯一不变的就是变化，要想永远走在前头，就需要不断地变革。

随着移动互联网的发展，线下实体店、线上电子商务和移动端之间的界限被打破，线上的电子商务既是宣传平台又是销售渠道。因此，国美在未来的发展道路上要打破线上和线下之间的界限，满足消费者的需求和全社会对产品的需求，即满足客户需求和商品需求。

1）客户需求方面

要将零售与销售区分开。零售是售卖商品的行为，而销售包括商品和服务两部分。当下，有很多企业入不敷出，最终破产倒闭，误以为是受到了互联网的冲击，实际上是将消费者的一次消费当作零售的完成，而忽略了二次消费。要想真正做到以顾客为上帝，就要满足客户的要求，提供他们需要的产品和服务。

2）商品需求方面

向四周发散，利用优势，规避劣势，建立自己的营销模式：

★ 逆向合作，与供应商保持密切联系，发挥资源优势，并建立国美自己的线上电子商务与线下实体店的产业链；

★ 多元化采购，在一步到位价采购的基础上增加采购方式，能够以较低的价格采购并保证产品的质量，以多种类型的产品形成差异化竞争，并且根据消费者的需求改进产品，完善产品的功能，增加产品的竞争力；

★ 充分利用好资源优势，及时抢购紧俏的产品，并对公司的研发部门加大投入力度，鼓励创新，实现低投入、高产出的目标。

电子商务借着互联网的东风迅速发展起来，一个很重要的原因在于它满足了客户的需求：电子商务在发展的第一阶段上就把握住了客户的需求，利用消费者的消费心理，推出一批低价格的商品，以吸引消费者购买，树立了品牌形象，打出自己的知名度；在第一阶段吸引了大量的客户之后，第二阶段的主要任务就是留住这些客户，并以优质的售后服务、物流服务等吸引第二批客户，使这些客户成为固定客户，增强客户黏性。

满足了消费者的需求和全社会的需求之后，国美也具有其他优势，充分发挥线上电子商务和线下实体店的优势，发展成一个多渠道的零售商，在售前、售中、售后都尽量提供令消费者满意的服务。

虽然国美重视线下实体店和线上电子商务的均衡发展，但两者在满足客户需求上还存在差异：

★ 在展示商品上，线下实体门店不如线上电商灵活，但是客户可以更直观地体验与进行现场互动；

★ 在大数据的利用上，线下实体店还需要适应移动互联网时代一切以信息为主，调整不同时段产品的价格，给消费者提供更大的选择空间；

★ 在终端服务上，零售人员的服务能力还需要提升，产品的功能还需要加强，以顾客为核心；

★ 在价格竞争上，不能完全以利润为驱动，要帮助客户选择真正适合的产品，通过增加产品的附加值、提供良好的服务吸引消费者进行消费。

针对上文线下实体店与线上电子商务的比较，国美要着重发展的就是加强线下实体店的整体构建，提高服务能力。而在线上，国美始终以国美在线为发展核心，统一管理和资源共享，打造跨品类综合购物平台，在自己营销售卖的基础上，开放公众平台。与此同时，加大线上电子商务的发展力度，吸引客户，树立品牌形象，提高知名度，最终将国美打造成集自营、虚拟、社交、营销于一体的家电连锁零售商。

◎ 搭建“四个平台”，全面提升服务能力

移动互联网的兴起带动了电子商务的发展，给线下各大实体店构成了严重威胁，尤其是百货公司、超市和地方性家电连锁。而国美致力于成为一个全渠道家电连锁零售商，不仅与全国多家超市、百货商店进行合作，还与大连、河南、山西等地的家用电器连锁企业一起拓展家电业务。

如今，线下实体店体验服务已经得到各个行业的重视，苹果、三星、华为等企业也正加速实体店的建设，以建立良好的商品展示，并把实体店作为主要的销售渠道。近几年，国家改变了对运营商的补贴政策，在削减营销费用和营改增的双重作用下，多家厂商必将迎来大洗牌，而这一改变将促进国美等家电连锁企业的发展。

面对国家政策的更改，众多的商家也在积极调整对策。例如，苹果推出新产品之后，拉动了整体营业额。这无疑也给国美一个启示，在瞬息万变的市场中，谁抓住了机遇，谁就赢得了消费者，于是，在未来的一段时间里，国美要做的主要是提高旗下产品的性能。以智能手机市场为例，目前国内消费者的需求量依然十分巨大，国美仅占一小部分，还有很大的发展空间。

在移动互联网时代，国美将大力把家电零售与信息化和数据化相结合，打造家电连锁零售的 IT 平台，整合业内最优秀的资源，全面提高公司的业务水平与服务能力，为此，将从物流平台、售后平台、合作平

台、O2O体验平台四个方面进行打造。

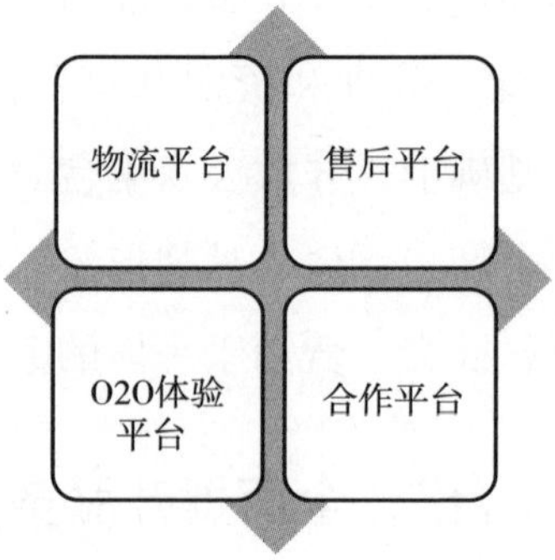

图5-4　国内提升运营能力的四个平台

1）物流平台

国美将继续以“客户至上”为原则打造流畅、便捷、快速的物流平台，减少产品在仓储、运输等方面的成本，通过科学的手段进行管理，提高工作效率，打造富有竞争力的物流体系，以“一日三达，精准送货，送装同步”为标准严格要求，建设完整的物流配送体系。

2）售后平台

要将售后服务看作一个独立的个体，以提升产品的售后服务水平和服务能力，以满意的服务吸引客户、留住客户、提升用户黏度和忠诚度，进而扩大规模，肩负起社会责任和使命，打造全新的品牌形象和知名度。

3）O2O体验平台

将线下的实体店与线上电子商务相结合，打造全新的O2O体验平台，实现家电连锁产业链的一体化，充分发挥线下实体店和线上电子商务的优势。

4）合作平台

国美在自主研发创新的基础上，以多种方式加强与其他企业的合作，在全渠道供应链上肩负起各自的责任，共同推动家电行业的有序发展，提高国美在全社会的贡献率。

第 6 章

拐点已至：传统零售如何迎接新零售时代

6.1 决战 2017：零售行业必须要把握的五大关键词

◎ 关键词一：电商高增长背后的隐忧

随着互联网的普及以及电子商务的发展，近几年，线下实体零售一直处于比较低迷的状态。根据中国电子商务研究中心提供的数据，2016 年我国线上零售的增速超过 30%，而线下实体零售的平均增速却低于 10%。如果抛开政府相关部门对零售行业的支持和引导，那么，线下零售的发展将更加不尽如人意。

在 2012 年度“中国经济人物”颁奖时，马云和王健林就 10 年后电商还能否占据过半的零售市场开了一个亿元的赌局。赌局的结果虽然还未知，不过可以肯定的是：线下零售业一定有机会扭转目前的局面，因为“线下并非天生完美，线上百便也存瑕疵”。

近年来，网购这一“列车”不断提速。在网购高速发展的背后，我们发现一个现象：网购的增长速度虽快，但是其在整体社会零售总额中的占比却并不高，一直低于 15%。不过相较于美国、日本等主要经济体来说，这个数字已经很高了。

从全球范围来看，电商对实体零售的冲击是大势所趋，只是在中国，实体零售业受到的冲击较为明显罢了。该问题是由国内电商的渗透率较高，外部没有成熟的市场可供参考所引发的。因此，假设未来 5 年我国的电商还以每年 2.5% 的速度保持快速增长，之后就会进入稳定期，在整体零售业中，网购占比会稳定在 20% ~30%。

目前，尽管网购的增长速度依然很快，但是受到整体经济下行和基数扩大的影响，已经呈现出了较为明显的放缓趋势，除人工、土地等因素的成本上涨之外，又出现了两个关键的制约因素。

◆ 物流成本攀升

伴随着电商行业的发展，我国的物流行业也迎来了难得的战略机遇期，获得了高速的发展，中通、申通、顺丰等一批国内物流企业的相继上市，更使得物流行业的未来前景被看好。

但物流行业在大有所为的同时，也面临着一系列矛盾和极为严峻的挑战，如物流成本的攀升对线上购物产生了巨大的影响，通过大打价格战而获得发展的粗放式发展模式已难以持续，整个行业迫切需要转型升级。

前几年，电商能得以高速发展，相对便宜的物流成本是重要条件。目前，“物流红利”出现了较大的回调，虽然相较于美国等国家而言我国电商发展在物流成本方面依然存在优势，但是这种差距正在逐步缩小，线上电商发展的一大优势正在逐步消失。

◆ 新增用户的获利成本在快速上升

目前，国内的电商平台正在步入“天京争霸”格局。阿里旗下的淘宝、天猫与京东平台基本上垄断了整个 B2C 市场。

在这样的形势下，B2C 市场上新增用户的获利成本却在上升。据 iClick 研究发现，2010 年，新增用户的获利成本大约为 20 元；2015 年，新增用户的获利成本已超出 120 元，而手机端新增用户的获利成本更是超出了 160 元。

新增用户获利成本的高低受到了两方面因素的影响：一是新增用户的稀缺性，二是电商的竞争程度。目前，电商平台上新增用户扩张交易规模的模式已经受到了限制，未来电商新增用户发展的关键点在于如何提升用户的消费意愿，如何增加单个用户的交易额。

基于以上两点，尽管电商的发展势头依然强劲，但是受到物流成本攀升和用户获利成本增加的影响其增长势头会有所减弱。

目前，线上零售业的增长已经进入下半场，在未来的时间里，爆发式的持续抢占市场份额的情况将难以再出现，电商的整体份额保持在 20% ~30% 的概率会比较大。为此，在接下来的时间里，电商平台要想获得持久的发展，一方面要改善其服务质量，提升用户的消费边际；另一方面要开辟新的用户市场来获取更多的流量。

◎ 关键词二：O2O 与农村电商的痛点

◆ O2O 的机遇与挑战

“标杆效应”在每个行业都存在，新美大的火爆提升了 O2O 的热度，使得很多人只看到了新美大的成功，忽略了其背后的辛酸和努力。

一方面，O2O 带来的是令人艳羡的巨额融资。2016 年 1 月 19 日新美大合并，合并后首次融资就超过了 33 亿美元，其估值超过 180 亿美元，这是 2016 年开年 O2O 领域最高的融资额。另外，在其他的 O2O 细分领域，融资即便不能与新美大比拼，但是几千万元的案例仍然比比皆是。

另一方面，O2O 的倒闭潮来的十分迅猛。2015 年 9 月 18 日，“社区 001”业务全线告停，“社区 001”一直以来都被视为社区 O2O 的先行者，但最终还是逃不开失败的结局。除“社区 001”之外，一时风光无限的“e 洗车”也关门了；雷军非常看好的“烧饭饭”也下线了。

从我国的发展实际来看，且不说 O2O 是否一定会遭到惨败，但是可以肯定的是多数企业的发展并不理想。为何可以做出如此的判断呢？这是因为在一些细分的 O2O 领域我国用户的黏性普遍较低，对价格变化非常敏感，在很短的时间内，其消费习惯是难以改变的。

其实，O2O 的商业逻辑非常清晰，通过系统的平台前端与商家联系并提供服务，通过系统的后端进行推广获取用户流量进行消费，而利润主要出在这两头。但是在如今这个“羊毛并非出在羊身上”的时代，很多人考虑的都是如何转嫁成本，如何在清场之前找到合适的买家。这样的想法和做法与 O2O 的设计是不相符的，最终结果只能导致失败。

那么，O2O 到底是值万金的“金矿”还是一文不名的“煤坑”呢？对比，我们要辩证地看待，不能否认 O2O 的价值，也不能忽略其缺陷，总的来说，笔者认为 O2O 是一个掺着金砂的煤坑。“金子”肯定是有的，但是要获取“金子”的代价也是很大的。以新美大为例，新美大合并之后在很多领域的市场份额都超出了 70%，之后就开始增加商家的管理费用，商家在获利的同时也付出了很大的代价，这是 O2O 模式发展的必然结果。

因此，在进入 O2O 的时候要谨慎选择，要规避诸如外卖那种格局鲜明的领域，也要规避诸如洗车那种低频交易的领域，这样能在很大程度上降低获取用户流量的成本。此外，还应该选择那些巨头渗透率低的领域。

◆ 农村电商前景广阔

根据中国互联网络信息中心（CNNIC）发布的《第 39 次中国互联网络发展状况统计报告》可以知道，截至 2016 年 12 月，中国网民规模达到 7.31 亿，互联网普及率达到 53.2%。与此同时，城市的电商市场已趋于饱和，而广大的农村市场将成为电商发展的主要根据地，其巨大的消费潜力对各行各业来说都是一个巨大的诱惑。

2003 年淘宝成立之初，马云就构想过农村淘宝，但是因为当时农村地区的宽带、电脑等硬件设施较为落后，人们的网购意识较为淡薄而放弃了这一想法。到 2012 年，“遂昌模式”的成功打破了农村淘宝建设的僵局。遂昌县大力发展农村电子商务服务平台，将供应商、服务商、网商和政府成功地联系在一起，收获了丰厚的经济利益。

2014 年 9 月，阿里巴巴集团上市，上市之后对未来的三大战略进行了重新规划，“农村电商”就在规划之中。2014 年的“千县万村计划”，2015 年的“智慧农村计划”，2016 年 2 月与国家发改委签署的农村电商合作协议，不仅迎合了国家对农村的发展规划，还取得了国家政策扶持，给农村淘宝的建设提供了有力的政策保障。

近年来，政府一直致力于农产品进城和消费品下乡这两件事情，无奈无论怎样引导其效果都不尽如人意。首先，农产品进城在物流配送方面受到了很大的限制，尤其是在冷链物流方面有很大的问题；其次，消费品下乡，很难调动消费者的积极性。简单地说，前者面临的是技术问题，后者面临的是消费问题，由此可见，农村电商的这块大骨头并没有那么好啃。

◎ 关键词三：跨渠道融合与极致体验

近年来，零售行业发展呈现放缓态势，传统中小超市、专业店等面临关店转型的生存压力，一场实体店的“关店潮”就此掀起。在此背景下，大型购物中心和 24 小时便利店两种业态增势强劲，在未来，零售业的“大”“小”两极分化现象将日趋明显。面对零售业的转型发展，以下几种趋势值得业界高度重视。

◆ 跨渠道融合

随着整个零售行业的多业态布局，线上与线下的概念开始变得模糊起来，电商与传统零售逐渐融合发展。具体表现在，传统零售商纷纷布局电商发展线上业务，而电商则逐渐向实体店迈进，设立线下店面。在此情况下，零售行业的竞争不再是线上与线下的竞争，更多的是凭借服务能力展开竞争。

数据统计显示，2016 年，中国社会消费品零售总额突破 33 万亿元，而网上零售额仅为51555.7亿元，换言之，目前线下销售在零售行业仍占据主导地位。不过，德勤的研究报告显示，随着数字化载体的日益多样化，其对消费行为产生的影响也将更加突出，而这种影响可能发生在消费行为的任何环节。目前，整个零售行业内，已有59%的线下销售受到了数字化载体的影响，而在今后，数字化载体的覆盖范围也将随之增大。

不难看出，在消费行为中数字化有着极为重要的作用。由此我们可以断言：若不能尽快地将跨渠道整合提上日程，零售行业将错过很多与消费者沟通的机会，也即无法更高效地为消费者提供优质服务。显然，跨渠道融合已是零售行业未来发展的必然趋势，今后零售行业将出现更多的全渠道零售商。

◆ 极致体验

当前，零售行业已经走出“开荒时代”，多种零售形式也将在这片热土上深耕细作，“精耕时代”即将来临。

1）便利店将“便捷”做到极致

在过去，24小时便利店可谓是发达城市的标志，只有上海、北京等一线城市才能寻得便利店的踪迹。尤其是在金融、贸易中心上海，便利店的数量之多，甚至远超首都北京。而在多种推动因素作用下，近些年来国内各大地区的便利店都呈现剧增趋势，甚至成为零售业转型的重大方向。

分析当前阶段便利店的发展，其主要面临三方面的挑战：

其一，商品创新。只有不断地进行创新与改良，才能不断提升商品的品质与性能，才能将商品做到极致，这是任何行业发展都必须面临的重大挑战。

其二，特许加盟。实施特许加盟模式，有助于将便利店的范围不断扩大，不过作为总部需要提供技术与管理经验指导。

其三，进驻新地区。当前，24小时便利店日渐遍布全国各地，而每次入驻新地区必将面对众多的困难。

2）极致的价格和运营效率

随着新型零售形式的崛起，传统的零售巨头也在马不停蹄地进行业态布局，不断尝试多种业态模式，深入线下区域市场，开展“低价”战略，将价格与运营效率做到极致。其中，物美、大润发、沃尔玛等堪称典范。

众所周知，机遇与挑战是并存的。2017 年是零售业最具挑战的一年，很多店面不得已关门谢客，而物美、华润等传统零售巨头则转战区域市场，专注于一个省份或一个城市的发展，通过区域性的精耕细作，不断扩张店面数量。

据贝恩和 Kantar 的一项报告显示，与最大竞争对手的市场份额相比较，沃尔玛在深圳市场为对手的 2.1 倍，物美在北京市场是对手的 1.6 倍，永辉重庆市场则是对手的 2.5 倍。由这些数据我们不难发现，深耕区域市场是提高运营效率的有效模式。

此外，随着消费者对性价比要求的日益提高，以及宏观经济市场的发展滞缓，零售商的库存处理需求也日益显著，这也促使折扣超市、折扣百货等业态迎来了发展机遇。以奥特莱斯为例，这家品牌直销购物中心借助商业地产方式运营，最终做到了“低价优质”，让发展惨淡的企业起死回生。

◎ 关键词四：个性化与专业化新常态

◆ 个性化

伴随着国民物质生活水平的不断提升，消费者追求高品质生活的欲望变得更加强烈，个性与时尚日益成为消费的主流形式。在人人都追求时尚的时代，买手店凭借商品的个性化、差异化、小众品牌化迅速走红，店面规模不断扩张。

所谓买手店，就是按照顾客的时尚观念，从各大品牌中挑选符合顾客趣味的商品，包含皮包、时装、鞋子、珠宝等，然后将这些商品融合在一起进行售卖，这种以买手式经营的店面，也就是我们所说的买手店。据悉，这种商业模式，最早是由欧洲人开发的，至今已有百年历史，已经在全球各大地区流行开来。

现阶段，在国内市场上买手店尚处于发展初期，但依据消费者消费需求以及电商平台的崛起，买手式商业模式有着极大的发展前景，有望获得蓬勃发展。

◆ 专业化

近几年来，零售业的专业化趋势也日益明显，像母婴店、有机食品店等高档连锁门店数量也呈现上升趋势。而且，无论是电商领域还是实体零售领域，专注于某一行业或者某一品类的专业店将越来越多，传统的“大而全”的零售模式将向“小而专”转型，零售业专业化变革正在悄然进行。

顺应零售行业的专业化趋势，无印良品也推出了自己的专业旅行线“MUJI to GO”，较常规零售店而言，这家独立旅行商店面积偏小，其商品种类则更多地集中在旅行产品上，如旅行化妆品、锁轮拉杆箱、小零食等。为更好地服务旅行人士，“MUJI to GO”多选址于火车站、飞机场等交通枢纽处，满足出行旅客的消费需求。

调查发现，顾客逛商场并非仅为购物，更多的则是休闲娱乐，将购物视为一种生活方式。这也是大型购物中心在零售业发展惨淡的情况下，仍旧能够快速增长的重要原因。当然，消费者的这种体验式消费，也促使以“小红书”[①] 为典型的内容电商迅速崛起。

纵观各大商场的近几年发展历程，不难发现商场的书店收入微乎其

① 小红书是一个社区电商平台，主要包括两个板块：UGC（用户原创内容）模式的海外购物分享社区；跨境电商“福利社”。

微，甚至是赔钱赚吆喝，即便如此，每个商场都会为消费者提供一个书店，并不定期地搞讲座活动、办文化展览，不断向商场融入美和艺术元素。而正是在艺术的感染下，才进一步缩短了零售商与消费者的距离，促使两者建立情感交流，最终成为消费者生活方式的某种象征。

总体而言，当前零售行业的业态布局已基本稳定，预计在未来的 5 年内，零售行业可能不会发生太多的变化。而从行业的需求层次分析，零售业将锁定在极致化体验以及个性化生活方式体验这两个层次。

◎ 关键词五："优质低价"的商业法则

全球宏观经济数据显示，欧美等地诸多发达国家的家庭收入多年来增速缓慢，甚至出现负增长现象，直接导致发达国家的消费需求不足。面对经济下行的巨大压力，消费者则变得越来越"抠"，这对出口占比较高的国家而言，无疑对其经济增长造成了巨大影响。

而步入数字信息时代后，消费者获取产品信息的途径变得更加便捷，产品信息的共享性与透明度明显提高，受此影响，消费者变得更加挑剔。现如今，零售市场"挑"与"抠"的消费趋势尤为突出，零售商不得不采取"优质低价"战略，一场价格革命就此来临。

到目前为止，很多的零售商都已经将"优质低价"做到炉火纯青，且业绩卓著，让其他企业羡慕不已，其中典型的有宜家、优衣库等。

无论是从事家居产品销售的宜家，还是从事服装零售的优衣库，其商业逻辑如出一辙，那便是"优质低价"。在品质方面，企业充分发挥品牌魅力，以良好的品牌形象吸引消费者；在价格方面，企业尽可能地压低交易价格，以平民价位提升消费者黏性。

就以一件莫代尔面料的衬衣为例，在专柜一件衬衣需要 250 元或者更高的价格；而优衣库卖出的同等品质的衬衣，其售价仅为 129 元。由此可见，实体店要想实现长久、可持续发展，走"优质低价"道路已成为必然趋势。

◆ 颠覆性的“价格破坏者”

类似于生物学的进化论，在商业领域也适用“物竞天择、适者生存”这一基本规律。事实证明，每个零售巨头企业的诞生，无一例外都是以“价格破坏者”的形象革了前辈的命，最终获取了越来越多的市场份额。例如，宜家、沃尔玛、ZARA、家乐福等。

沃尔玛自创立以来，一直秉持“低价承诺”，最终，颠覆性的革了美国传统百货店的命。针对传统百货店价位偏高的现象，沃尔玛提出“天天平价”的口号，并从运营的诸多方面节省成本，经对进货与分销渠道的改良，以及行政、营销费用的节省，最终实现了对消费者的低价承诺，同质产品的销售价格明显低于其他商号。

在中国，大卖场业态也是以“价格破坏者”的形象出现的，革掉了当时国营百货商场的命，颠覆了价格高而体验不足的柜台销售。不过，历经数十年的发展，大卖场业态产能落后现象越来越突出，相信不久的将来，传统大卖场业态也将被新的“价格破坏者”颠覆。

由此不难看出，在这个充满竞争的零售市场，得以生存的只有强者，实体店需要不断地颠覆自己让自身变强，不然可能随时面临被别人颠覆的危险。

◆“价格破坏者”的商业模式

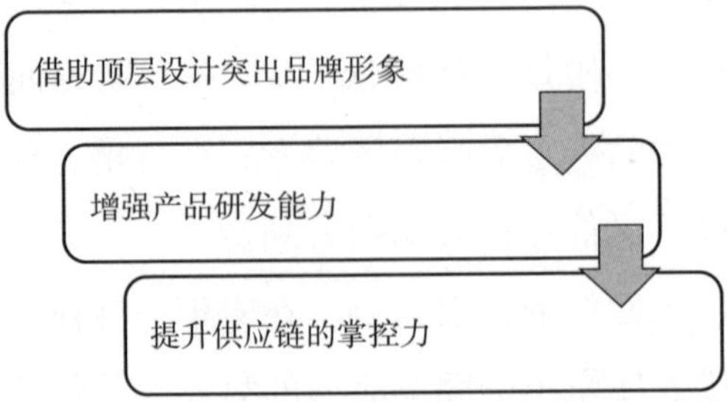

图6-1 “价格破坏者”的商业模式

事实上，“价格破坏者”之所以能够走向“优质低价”的道路，其实是受到了相应商业模式的引领，具体如下：

1）借助顶层设计突出品牌形象

品牌魅力是无穷无尽的，企业若能树立一个良好的品牌形象，自然会在消费者中广而告之。例如，当人们谈及家居卖场自然而然地想到宜家，谈及男女服饰时最先想到优衣库。

近几年来，名创优品的品牌魅力也日益彰显，短短 3 年内新成立店面 1400 余家，成为零售业界公认的黑马。在品牌形象塑造方面，名创优品为凸显产品的“日本品质”，公司不仅在东京注册成立，更聘请国际知名时尚品牌签约设计师——三宅顺也进行顶层设计，为企业树立了独特的品牌形象。

2）增强产品研发能力

经对“价格破坏者”详细分析，我们可以发现它们之间存在很多共同点，自行研发商品就是其中一点。在零售行业，很多零售商不断提升自己的产品研发能力，既有效提升了产品的品质，从真正意义上做到优质，同时相对于电商企业，也形成了不可跨越的壁垒。

3）提升供应链的掌控力

零售商对供应链的掌控能力的强弱，往往直接决定是否能做到“低价”，只有提升对供应链的掌控力，才能不断节省成本实现低价。对此，“价格破坏者”在组织生产中，多采用“低成本、高效率”的方式进行，如实施大规模采购、对产业链进行全球布局。

以优衣库的服装生产为例。首先，由纽约、东京完成服装设计，之后在韩国采购纽扣、在中国采购布料，最终在东南亚实现大批量生产，将设计成本、采购成本、加工成本都降到最低，同时也有利于供应商专业性的提升，实现高效率生产。

◆ 零售企业如何做到“优质低价”

一般而言，采取优衣库、宜家等企业的商业模式达到“优质低价”，对于多数中国的实体零售店而言是十分困难的，但依据中国市场现有的行情，中国实体店也是可以做到“优质低价”的。具体方法包含两种：

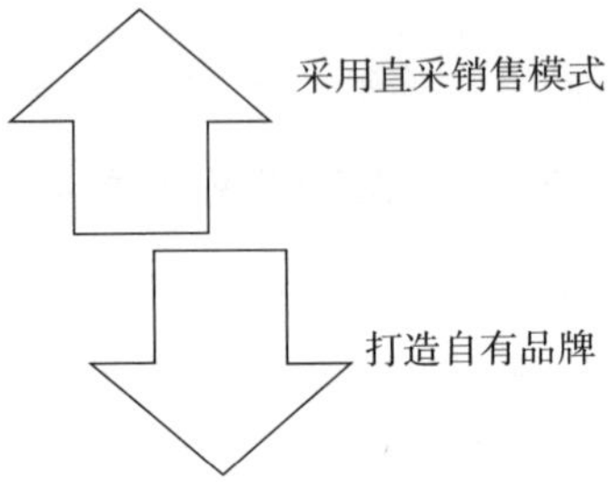

图 6－2　零售企业打造“优质低价”的两种方法

1）采用直采销售模式

实际上，很多的零售企业不能实现低价，很重要的一部分原因是采购环节过多，无形之中增大了产品成本，对此本土零售企业可采用直采销售模式，具体有 3 种：

第一，整合供应链，推动供应链朝着扁平化方向发展，规避不必要的中间环节。

第二，企业联合采购。适合中小型零售企业，通过企业之间的彼此合作，直接向产品供应商实现大批量采购。

第三，发展买手体系。由于买手式经营模式重点突出了个性化消费，可依据顾客的消费特征直接采购商品，带给顾客优质体验。

2）打造自有品牌

实践表明，很多本土零售企业的爆款产品都是自有品牌产品，打造自有品牌不仅为企业创造了收益，更显著提升了企业的知名度。据悉，美国最大的连锁会员制仓储量贩店 Costco（好市多），拥有的自有品牌商品约占 50% 以上，而在欧洲零售市场上，多数零售商都拥有约 30% 的自有品牌产品。

本土零售企业可借鉴知名企业的成功商业模式，专注于自有品牌商品的研发，打造爆款产品，为消费者提供物美价廉的商品。

6.2 融合共赢：从传统零售到新零售的蜕变之路

◎ 从传统零售推断新零售的未来趋势

从表面上分析，新零售即不同于传统模式下的零售形态，想推测新零售今后的发展情形，不妨对传统零售形态进行分析，探索其发展历程，总结其中的规律，并将其运用到新零售形态的发展过程中。

每一种零售业态在萌发时期都是以新零售的姿态出现的，这些零售业态诞生在不同阶段，其发展方式也存在差异。具有代表性的零售企业有：沃尔玛、大润发、名创优品、苏宁、ZARA 等，那么，这些企业诞生的原因是什么，从中可以得出怎样的启示呢？

以沃尔玛、苏宁为代表的零售连锁企业的发展离不开数据库信息技术的支持；以淘宝、天猫为代表的电商形态是依托互联网技术发展起来的，而新零售业态的发展同样离不开技术的支撑。

在所有新技术从诞生到后来的普及过程中，那些能够带来根本性变革的商业模式，通常出现在初期阶段，举例来说，滴滴抓住了移动互联网发展的先机，迅速崛起。亚马逊与淘宝的诞生也处于互联网普及应用的初期阶段。

这种具备根本性变革力量的商业模式通常不会包含太多复杂因素，随着新技术的发展，众多企业都会意识到新零售的发展潜力，无论是亚马逊还是淘宝，在发展过程中都面临着激烈竞争，但随着时间的推移，新技术的应用普遍开来，便很少有企业能够取得突破性的进展。

◆ 衍生出相对较小的新零售业态

一般情况下，具有变革性作用的零售模式大多诞生于新技术普及的初始阶段，在新技术普及开来后，同样会产生部分新零售模式，其影响多限于一定范围内，举例来说，就在亚马逊与淘宝进行大规模的市场开拓时，唯品会受到消费者的欢迎，另外，蜜芽、美团等电商平台也迅速崛起，获得了市场认可。

最先出现的新零售能够给消费者的行为带来很大影响，引导消费者从线下渠道转移至网络平台，给后期出现的新零售业态提供了用户基础，如唯品会在出现时，已经有很多用户习惯于网上购物了。如今，唯品会已经与部分服装品牌达成合作关系，这部分服装品牌会为唯品会提供更低的采购价格，立足于这个角度来分析，唯品会的运营已超越折扣尾货平台的范围。

◆ 新零售刺激传统零售的发展

新零售使实体零售分布情况呈现出新特点，举例来说，在传统模式下，农村消费者主要通过所在地的电器经销店购买所需产品。

如今，苏宁易购服务站成为很多消费者的选择，这种新零售模式能够发挥互联网的优势，丰富自身的经营品类，实现销售额的增长。

除电器产品之外，苏宁易购服务站还面向农村消费者经营快消商品，如百货商品、纸制品等，在物流及营销方面与服务站点相配合，降低线上平台在这些环节的成本投入，扩大门店的利润空间，使新零售模式切实可行，这些都离不开互联网的支持。因此，苏宁易购服务站在一年之内开设上千家门店，而且，这个数量还在持续增长中。

伴随着互联网的高速发展，苏宁已经不仅仅是单纯的零售企业，而是一个包含线上及线下零售业务、物流配送体系、金融服务、商业地产（如苏宁商业广场）、文娱产业（苏宁收购PPTV）的完整商业体系。

另外，随着互联网电商的高速发展，很多大规模零售企业受到挤压而退出市场，在此背景下，一些小规模业态趁势崛起，促进了经营范围及服务水平的提升，也是新零售带来的积极影响。

◆ 新零售的机遇在于满足场景购物需求

新零售业态的产生，往往能够实现与场景购物需求的对接，举例来说，大型零售企业能够满足消费者对多品类的需求，便利店则能够为消费者提供方便快捷的购物体验。

淘宝依托网络平台的优势，不受空间因素的局限，并且拥有完善的物流体系，能够对接消费者的长尾需求。在互联网的应用尚未普及之时，很多情况下，消费者想要购买的产品在主流市场却并不出售，淘宝的运营就给消费者带来了极大的便利，其经营范围涵盖绝大部分品类，能够激发消费者产生新需求，促进买卖双方的合作。前文中提到的苏宁易购服务站也与其存在共性，都能激发消费者的购物欲望。

◎ 新零售业态下传统零售的应对策略

◆ 满足消费者不同的侧重需求

总体而言，我国的农村人口数量占据总人口的50%左右，乡镇人口占据总人口的17%左右，现代化城市人口占据总人口的33%左右。而业界对我国消费情况的认识，多来源于城市人口的消费意见，立足于这些人的认知情况来分析，国内零售行业将向高端方向发展，但除城市人口之外的其他消费群体的消费需求同样不可忽视。

由于我国人口分为不同层次，促使整个新零售业态也会细分发展，在不同层次的消费群体之间，会产生具有明显差异化的新零售形式。

零售商品依据具体功能的不同可分成多个种类，例如，牙膏不同的功效、面向不同年龄阶段的消费者，其也存在区别，有不同等级的包装等。新零售业态中也存在这个现象。如便利店包括社区店、校园店、个体超市等。

超市的表现形式也很多，如沃尔玛、北京华联、阿尔迪。不同超市的运营对接的消费需求也存在差别，例如，沃尔玛品类齐全，能够对接消费者的一站式购物需求，北京华联高级食品超市主要面向经济收入水平较高的消费者，阿尔迪主要提供性价比较高的产品。

为了促进新零售业态的产生，可以对现有零售业态进行分析，把握消费者需求，了解其发展趋势，为零售业态的发展提供参考，并据此推动新业态的产生。举例来说，正大集团建设正大优鲜便利店，面向社区主打生鲜产品；复华控股建立全时便利店，以堂吃服务为主；苏宁开办苏宁推出的进口商品直销中心，让消费者能够方便地购买世界各地的商品……都是根据市场需求发展而来的新零售业态。

如今，除沃尔玛、淘宝、苏宁之外，传统零售业态，诸如批发市场、菜市场、路边摊等不同的零售业态均存在，此外，农村及部分城市地区依然会定期赶集。

总体而言，目前国内的零售业呈现出新零售与旧零售业态并存的局面，且众多新零售业态纷纷涌现，面向特定消费群体，对接不同的消费需求。虽然伴随着新零售业态的产生，会有一批旧业态退出市场，但前者的增长速度要超过后者，由此可见，要促进新零售业态的产生，就要锁定特定场景，把握消费需求，明确自身定位。

◆ 细分场景、体验和精准推荐

在传统模式下，为了突出自身的竞争优势，新零售业态会在控制运营成本的同时提高效率，举例来说，沃尔玛的毛利率在 20% ~30% ，相比之下，小型零售店的毛利率要高出 20% 左右。

如今，超市作为生产企业与消费群体之间的连接者，其运营成本大约为 17% ，为了进一步降低成本消耗，不少超市与厂家达成合作关系，省略掉层层中间商，直接面向市场，并通过这种方式加速库存周转。

想要在此基础上进一步节省成本恐怕很难，因此，新零售业态更倾向于通过提高营销针对性、提升消费者体验以及深挖场景需求等方式凸显自身优势，突破传统思维的局限。

◆ 零售创新本质是系统组合

零售创新与其他创新一样，都具有系统化特点，以苹果公司的手机产品为例，先进的处理器、存储设备、电容触摸屏、手控图形界面等组合在一起成就了该产品的成功。美国第三大零售商好市多之所以受到消费者青睐，与其优质的产品、完善的售后服务、品牌信誉度、会员制度等多个方面密切相关。

零售业态的创新也可拆分为多个组件，可能仅从某个方面来说，其创新性特点并不突出，但从整个系统来看，其独特性就比较明显了。

认识到这一点后，可转换思考角度，把零售模式的各个组件单独分列出来，对这些因素进行分析，在把握市场需求的基础上，瞄准特定购物场景，再进行系统化处理，进行可行性评估后投入到实践过程中。

这方面的案例比比皆是，例如，“正大优鲜”通过便利店经营生鲜产品，唯品会学习折扣店的运营方式，ZARA 推出价格低廉的名牌产品等。通过对好市多的整体运营系统进行组建拆分可知，其内部组成因素为其模式实施提供了多项基础条件，或许能够为其他网上超市的经营带来优秀的借鉴经验。

若某种新技术的应用尚未普及开来，经营者就应该抓住创新机会，若已经错过了技术普及的初始阶段，则需根据消费者群体的需求走向，在分析旧零售业态的基础上，促进新业态的产生与发展。

无论是哪种情况，零售企业经营者都应该对不同的零售业态有所把握，用拆分方法分析零售业态的组成，深挖垂直领域的消费需求，通过针对性营销及完善的体验服务对接市场需求，从而促进新零售业态的产生。

◎ O2O 升级：实现线上线下深度融合

新零售的概念出现后，各大电商平台纷纷布局线下，一时之间，在各大社交媒体平台上关于“实体店春天来临”的观点层出不穷。

确实，未来几年内新零售掀起的零售产业变革会给实体店带来巨大的收益，但实体店在其中扮演的角色并非是主动方。新零售是马云为电商提出的一种全新的转型路径，其核心出发点在于基于互联网实现对传统零售行业的颠覆性变革。

电商在产品体验方面的缺失是长期以来未能解决的痛点，而这一点也正是实体店的最大优势，对于各大电商平台而言，谁能率先通过线下布局完善的产品体验，谁就能够成为新零售标准的制定者及行业的主宰者。

毋庸置疑的是，从电商一端发起的零售变革会让实体店的发展受到重大影响。在憧憬未来线上与线下一体化美好前景的同时，实体店也应该思考如何才能在这场变革中掌握主动地位。

在线上与线下融合的 O2O 业态面前，实体零售商首先需要解决什么问题？网店与门店之间的竞争持续了十几年的时间，近几年来，网店虽然成功逆袭，在竞争中处于优势地位，但其始终不能取代实体店，某些注重体验的品类，消费者更愿意去线下门店购买。网店与门店共存成为一种主流观点。

自 2014 年以来，线上与线下融合的 O2O 模式开始受到零售从业者的一致青睐，受制于不断增加的房租、人力、库存等方面的成本，线下实体店积极借力互联网来完成转型升级。有的线下门店选择入驻电商平台，有的门店则选择自建线上商城，还有的门店利用微信、微博玩起了社群经济等。但令人遗憾的是，实体门店本身缺乏互联网基因，在信息化建设方面存在巨大的短板，盲目布局线上渠道不但没有完成 O2O 转型，反而使自身蒙受重大损失。

在这种局面下，大量传统零售商被迫关闭线下部门来减少运营成本的压力。虽然 O2O 转型大多以失败而告终，但这对于改变僵化落后的传统门店的运营思维却发挥了十分关键的作用，以化妆品市场为例，《中国洗涤化妆品周报》进行的一项市场调查显示，绝大部分的化妆品企业管理者都曾有过 O2O 转型的想法或实践。

新零售的概念开始广泛传播后，越来越多的零售从业者认识到了实体店的重要作用，并将布局线下作为未来发展的重点内容。新零售可以看作是 O2O 的升级版，它的关键意义在于让零售从业者心中的电商与实体之间的对立思想被淡化，通过两者的深度融合来更快速高效地满足消费者的购物需求。

通过互联网的技术与思想对零售行业进行全面转型及升级，能够满足不断升级的广大消费者的个性化及差异化需求，而借助于互联网、大数据、云计算等高科技技术，可以使得商品的生产、流通及服务过程变得更加高效率、低成本。

表面上看，通过互联网技术对传统门店进行颠覆性变革，似乎有着十分光明的发展前景，因为它使以往线上与线上割裂的购物流程及服务体验实现统一。但真实的情况，却让现有的实体零售商感到危机。例如，淘宝、京东等电商平台纷纷开设线下体验店；当当网则要在 3 年内将线下书店的数量提升至 1000 家等。

电商平台对于这次的零售变革选择绝非是与实体零售商进行合作，而是在巩固自身线上优势的同时，不断蚕食线下市场。因此对于实体店从业者而言，在为未来的新零售举杯庆祝之前，首先应该明白自己应该如何切入这一领域，如何实现与线上渠道的无缝对接。

◎ 线上线下融合的四种模式

◆“百货店 + 线上”模式

为了实现这种模式，百货店可以独立打造网上商城、上线 APP，也可以同电商企业、社交平台合作运营微店，或者建立应用平台。

1）百货商城打造网上商城，上线 APP，山东银座、王府井百货、重庆百货、百盛、翠微是这方面的典型代表。不过，网上商城与 APP 的实用功能不明显，可操作性也不强，而百货商场自身也缺乏推广，最终体现为网上商城与 APP 虽然具备完善的功能，但使用率比较低。

2）百货店发挥资本的连接作用，实现与电商企业的联手，建立起线上下单、线下配送及取货相结合的运营模式，将线上与线下渠道的运营结合起来，实现线上支付，推行会员机制，打通商品体系。具有代表性的有：NOVO 百货携手优购网开拓 B2C 业务，新华百货联姻飞凡电商推出全面合作战略，金鹰商贸的跨境电商平台“金鹰购”与德国实力型百货企业达成合作关系，等等。

3）百货店与社交网站联手推出应用平台，通过网络渠道发布商品、服务及促销信息，为消费者提供个性化信息推荐。具有代表性的有：茂业百货、天红商场、南京新百、友谊集团等与腾讯微生活达成合作关系，建立应用平台。

◆“超市＋线上”模式

该模式的具体实践方式有：超市打造网上商城、联手电商企业、开展微信营销等。举例来说，步步高超市向网络渠道拓展，推出多种线上线下结合发展的模式，包括线下门店消费与手机支付相结合的模式，消费者在网上下单后由实体店负责配送的模式，等等。

另外，永辉超市联手京东商城，入驻“京东到家”，共同开拓 O2O 业务的新局面，并推出网络金融服务，完善物流配送体系，等等；此外，永辉超市还与“今日资本”携手；红旗连锁全面开通微信支付功能，方便消费者利用微信结账；华润万家超市在微信平台上线“欢乐圣诞树”活动，通过这种方式提升消费者体验。

◆“购物中心＋线上”模式

该模式的实践方式有：上线APP，联手电商企业或社交网络。举例来说，中粮大悦城上线APP，推行会员制，进一步提高用户依赖性，升级用户体验。天津大悦城于2014年11月发布APP，在2015年“4·18大悦疯抢节”当日，APP下载量达上万次，注册会员量超过5000人，利用APP营销的秒杀、现金红包等有效提升了消费热度；龙湖购物中心于2014年与阿里携手，在成都举办“成都淘宝生活节”大型活动，采用O2O模式实现了线上与线下的一体化运营，成为当地O2O业务发展的领先者；万达携手百度、腾讯，打通账号与会员体系，建立大数据联盟，在互联网金融产品、产品整合等方面携手共进。

◆“专业店＋线上”模式

该模式的实践方式有：打造网上商城、联手电商企业、借助微信拓展线上渠道等。以苏宁为例，在线上布局过程中，苏宁对商品经营模式及顾客服务进行创新；打造线上苏宁云平台，同时建设线下苏宁云店；建立物流云、数据云、金融云，将企业的商品、信息及资金资源向市场化靠拢；在电视端、移动端、PC端、POS端进行布局。这4项布局战略合称为“一体、两翼、三云、四端”。

另外，苏宁还在网络渠道进行拓展，开设“苏宁易购”网上商城并吸引了众多消费者，与此同时，苏宁对实体店的布局进行革新，线上线下两手抓，着力提高自身业绩。

“国美在线”是国美电器集团开通的网上商城，该平台于2016年11月25日举办“黑色星期五”24小时疯狂抢购活动，在一天之内上线18场抢购，涵盖了多个品类；苏宁与阿里采取互为入股模式，与电商企业联手，借助线上平台获取流量，并在实体门店开展推广活动。

迪信通手机商城携手天猫，新华书店则与京东商城达成合作关系。

而在微信合作方面，上品折扣微信体验店在杭州下沙区开业①，消费者可利用手机微信扫码支付。

◎ 优质服务：满足消费者个性化需求

以前，传统电商在最大化提升产品销量方面的追求和实体零售商并无太大的差异，能够将商品出售给消费者是他们的终极目标。但随着消费者的购物需求及消费习惯逐渐发生调整，消费者对于个性化及优质购物服务体验的追求呈现爆发式增长。

再加上传统电商的获取用户成本大幅度提升，用户规模已经逐渐趋于稳定，使得越来越多的电商平台放弃这种以交易为核心的发展模式，转而推崇线下实体店所能为消费者提供的优质的产品体验及购物服务。这就为新零售的崛起打下了坚实的基础。

从本质上来看，实体门店在这场新零售变革中具备一定的领先优势。电商平台是想借助于布局线下门店来优化购物体验，最大限度地满足用户需求。而如今的实体店本身就存在着一定规模的忠实用户，如果能够加以充分利用，必定能够为自身带来巨大的优势。

实体零售商想要在这场新零售变革中生存下来，最为关键的就是为消费者提供优质的购物服务。降低价格、扩大营业面积等不是关键所在，要让作为新一代消费主体的“80 后”及“90 后”愿意买单，让他们的个性化需求得到充分满足才是核心所在。

◆ 升级会员体系，重视移动社交功能

如果仅单纯地销售产品，实体零售商恐怕很难留住用户。在粉丝经济时代，实体零售商需要学会维护用户关系，借助于微博、微信等社交媒体工具进入到用户的社交圈，从而使之成为忠实用户群体。

---

① 郭馨梅，施珊珊．电商渠道与实体零售渠道融合发展的主要模式与对策［J］．商业经济研究，2017（4）：13－16.

市场研究机构发布的数据称，50%以上的受访用户希望实体门店能够向自己的手机推送优惠券、实时促销、用户评论等相关信息，他们希望智能手机等移动终端能够在线下购物过程中扮演更为重要的角色。

以化妆品门店为例，按照以往的会员体系，门店能够获取的消费者的购物数据仅仅是联系电话、购买了什么样的产品等，无法知道消费者具体从事什么职业，有什么样的兴趣爱好、家庭背景等，更不用说为其提供个性化及差异化的服务。

如果对原有的会员体系进行升级，利用微博、微信等工具实现对用户的精细管理，就很容易获取到用户在社交媒体平台中留下的各种数据，并将营销内容推送至人们随身携带的智能手机上，从而实现定制化营销。

◆ 构建人性化服务，回归商业本质

新零售强调商家要与消费者建立情感连接，通过人性化服务打动消费者。2016年9月，传统零售品牌商“胖东来”重返河南新乡，开业仅一个小时，就因为客流量过多而被迫暂停营业。

之所以会出现这种情况，就是因为“胖东来”给广大消费者带来的人性化服务，例如，雨雪天气时，胖东来会为前来购物的顾客的自行车、电动车的车坐上套上一个塑料袋；在公共场所为消费者提供热水、免费充电宝等；在门店内为带着宝宝的顾客提供专用母婴室等。

◆ 打造以实体店为核心的全渠道经营

新零售可以看作一种全渠道零售，广大实体零售商们需要积极拥抱线上渠道。但需要注意的是，实体零售商的基础在于线下，布局线上应该围绕线下服务展开，通过打造出以实体店为核心的全渠道运营模式，来从多个维度接触消费者，并通过为其提供优质的购物服务体验来获取价值回报。

6.3 转型实践：实体零售如何迎接新零售时代

◎ 传统零售进军新零售的三种实践模式

如今，国内传统零售业正处于转型阶段，市场上的门店增长速度呈明显下降趋势，零售商不再盲目开店，很多店铺在感受到生存压力后主动退出市场，不少商家推出体验式购物，希望通过这种方式顺利转型。

面对改革新趋势，苏宁、万达等都采取了调整措施，包括步步高、天虹在内的商超也转向商业综合体的打造。那么，应该如何理解“新零售”这个概念？在发展过程中需注重哪些方面？

不同的人有不同的理解方式，不同企业采取的应对措施也不尽相同，不过它们之间也都存在共同点，采用新零售模式的企业，是在注重用户体验的基础上改革原有的经营模式，是以商品为载体对用户的经营与管理。从现如今的发展状况来分析，“新零售”的发展呈现出如下 3 种形态：

◆ 苏宁模式

苏宁的发展在 2009 年出现危机，在此背景下，苏宁开始构建互联网渠道，采用线上线下相结合的运营模式。

苏宁易购于 2010 年 2 月正式投入运营，企业宣布，要走沃尔玛与亚马逊相结合的发展道路，如此一来，苏宁实体店承担了商品陈列、现场体验、配送、售后服务及营销等多项任务，晋升为苏宁易购云店。

苏宁在2013年进行彻底转型，以“苏宁云商”为名面向市场，统一线上与线下渠道的经营，对内部机构进行大幅调整，将PPTV纳入麾下，采用电商、实体店及零售服务商相结合的战略模式。

苏宁于2014年实施全品类拓展，全资并购满座网，推出“零钱宝”，改革实体店；之后，又在2015年底宣布公司在今后发展过程中涉足的行业，包括创投行业、电子竞技、公益、文娱行业及体育行业；如今，苏宁的产业体系有3个组成部分：零售体系、金融体系及物流体系。经过6年的开拓，苏宁基本上实现了线上与线下运营的统一，形成了较为完善的O2O产业体系。

其零售方面的发展表现得尤为突出，苏宁易购于2016年10月18日举行“穿越双十一：城·惠·玩”发布会，以穿越到古代为“双十一”活动的主题，并将活动时间定为11天，积极引导消费者到实体店进行现场体验，从而将线上与线下渠道的运营统一起来。

苏宁对O2O零售模式的实施，从根本上来说，是将社区化与移动化运营结合起来，通过线下渠道的运营增强与消费者之间的互动关系，实现社区化；通过线上渠道进行移动化运营，逐步将两者结合在一起。

◆ 乐语模式

如今，乐语通讯以娱乐社交为切入点，转向游乐化消费的发展。该公司创建于2003年，作为通信连锁企业的代表，在我国同领域内处于优势地位，2014年，乐语通讯并入三胞集团。该公司在向“新零售”过渡的过程中，采取了如下策略：

1）在定位方面，以游乐化消费代替以往的通信服务，举例来说，爱琴海门店在经营三星、华为、苹果等通信产品的同时，不断推出创意产品，与美国连锁品牌Brookstone达成合作关系，并开始经营游戏设备与衍生品，还包含了面向女性用户的美容电子产品及其他之前未涉及的品类。

2）在经营方面，采用全新购物模式，以体验服务、信息分享、游乐消费代替传统模式下的产品营销。实体店采取场景化营销模式，为消费者进行现场演示，增强与消费者之间的互动关系，并采用 O2O 模式服务于消费者。

3）在品牌方面，用“FunTalk 乐语”代替原本的乐语通讯。传统模式下的乐语注重规模化扩张，如今则更偏向于潮流、智能、多元化、互联网化，为消费者提供完美的游乐体验，推出极具针对性、个性化特点的互联网应用及相关服务内容，通过情景搭建进行产品营销，逐渐趋向于生态化发展方向。

这类企业的模式实践，从根本上来说，是将用户需求放在核心位置，而非传统模式下倾向于企业效率的提升，企业领导者的决策及其落实情况决定公司的转型效果。

◆ 万达模式

如今的万达并不局限于商业地产的开发，也没有停留在零售企业的层面，而是作为一个完整的产业链集团出现在市场上，并将零售作为其主导业务。

立足于用户体验的层面来分析，万达在整体运营中添加了越来越多的娱乐化元素。举例来说，万达广场改革传统的商户组成结构，在其业态中融入娱乐活动、儿童娱乐及餐饮业，从而提升了用户的娱乐体验。通过这种方式完善自身的功能体系，不再将购物作为唯一的导向，在今后的发展过程中，越来越多的大型购物中心会借鉴并实施这种运营模式。

另外，万达在具体运营过程中，采取多种方式实现线上与线下之间的协调一致，虽然万达的电商业务发展得并不顺利，很多线上产业的发展经过大力宣传后也未取得预期效果，但万达始终坚持平台打造，联合产业链各个环节的商业伙伴，逐步实现产业链的全方位覆盖。

万达的做法与该模式的本质需求不谋而合：通过平台打造及运营建

立完善的生态体系。

另外，上述几种不同的“新零售”实践方式存在的共同之处在于，充分发挥协作力量推动自身发展。以乐语为例，其运营团队与三胞集团的产业部门进行合作，同时联手医疗服务机构、智能穿戴设备制造企业、保险公司等，实现多方资源整合，运用互联网思维，打造出乐健康业务板块。

苏宁的智能家居控制应用“苏宁云居”上线的智能冰箱联盟为用户提供了多样化的娱乐体验，另外，万达不仅加大了在体育、电子竞技等领域的投资力度，还参与到其管理过程汇总，通过多方协作，实现优势资源及管理能力的整合，促使自身生态体系的发展逐步走向成熟。

因此，新零售已经不仅仅局限于传统零售行业，而是在发展过程中形成不同于传统模式下的生产关系。

◎ 转型新零售前传统企业要注意的问题

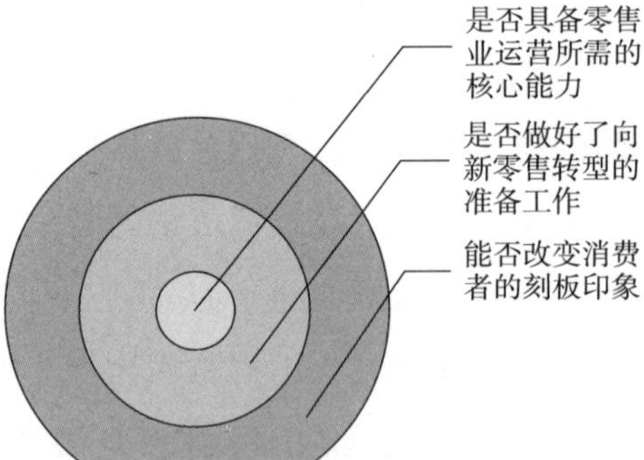

图 6－3　转型新零售前传统企业要注意的问题

面对“新零售”转型趋势，尽管很多经营者跃跃欲试，准备投身变革队伍，但企业经营者只有梦想是远远不够的，还要明确自身的不足，对自己的人才储备、资源支持力度等有清晰的把握，要科学评估自己的能力条件。

◆ 是否具备零售业运营所需的核心能力

“新零售”是从传统零售发展而来的，其本质没有发生变化，零售运营所需的核心能力有以下几点：

1）供应链改革

国内零售业在供应方面离不开供应商的支持，缺乏独立性，为了改善这种局面，零售业需对自身的组织体系、信息传递机制进行调整，强化对整个产业链的把控能力。

2）对实体经营的整体规划

使线下运营与线上运营保持一致。在经营过程中，通过注重品类组合，将现场体验与线上运营结合起来。

3）品牌打造

在这方面，零售业须通过举办主题活动，对商品组合进行精细化管理，推出符合消费者需求的现场体验来提高品牌知名度。

4）提供完美的购物体验

如今，零售业全渠道布局已经成为不可扭转的趋势，零售业要抓住机遇，就必须把握市场需求，实现资源的高效利用；还要在场景搭建的基础上为消费者提供完美的购物体验，从而提高自身的盈利能力。

◆ 是否做好了向新零售转型的准备工作

1）心态方面

既要有足够的决心，也要有足够的毅力。

2）组织方面

企业要对自身的架构体系、绩效评价标准等进行改革；另外，还要组建专业的人才队伍，积极吸纳优秀人才。

如今，“80 后”及“90 后”的年轻人占据苏宁员工的大部分，之后，会有更多的年轻人成长为苏宁的中坚力量，届时，苏宁既要革新原有的技术，还要使企业的价值理念与时俱进，企业的管理难度也会有所提高。

乐语同样如此，传统的营销人员并未将消费者体验作为重点，要扭转其关注点，不仅要重新引导其价值理念与行为，还要组织专业培训。

此外，为了建设完整的生态体系，万达也必须补充专业人才。

3）系统方面

企业的整体系统在其转型过程中发挥着不可替代的作用，零售后台为其整体运作提供基础支撑作用，这一点是企业不能忽视的。

◆ 能否改变消费者的刻板印象

一旦消费者形成刻板印象，企业要想改变就要付出大量的时间及精力成本。例如，苏宁虽然对自身转型进行了大力宣传，但很多消费者仍然将其视为电器销售平台；乐语从通信商发展而来，很多人仍然保留这个印象。所以，实体零售商很难在短时间内完成转型，企业领导者在转型之前就要认识到这一点。

但无论过程多么艰辛，“新零售”终将会为企业发展掀开新的篇章。

◎ 从“猫宁合体”看未来零售的新玩法

2015 年 8 月，阿里与苏宁牵手合作，“苏宁易购天猫旗舰店”正式登陆天猫平台，外界将这一店面形象地称之为“猫宁店”。受到广泛关注的“猫宁店”仅用 3 个月的时间就进入同行业排行榜前三名，半年时间成功登顶。

从目前的发展情况来看，苏宁与天猫的合作确实取得了令人十分惊喜的成绩。这种颠覆性的新玩法对我国电商产业的发展产生了重大影响，其背后所展现出来的商业逻辑更是值得每一位业内人士深入学习。

对于“猫宁店”取得的骄人成绩，部分业内人士指出，以阿里、苏宁所拥有的强大影响力，能够取得这种成绩是十分正常的，如果没有做到这些，反而令人感到吃惊。但仔细研究“猫宁店”的相关数据，我们可以发现这一说法是没有道理的。

例如，苏宁商城拥有的 SKU 已经达到 3000 万个以上，但在“猫宁店”的 SKU 仅有 1.5 万个，而且无论是苏宁，还是天猫都并未对这些 SKU 进行大规模的宣传推广，几乎是上新后成交额就一路高涨。“猫宁店”的成功让我们见识到了电商巨头之间合作所爆发出的巨大能量。

图 6－4　苏宁易购天猫旗舰店

◆ 构建以用户体验为核心的服务体系

从表面上看，阿里对此次合作表示了足够的诚意，如其在天猫平台首页中为“猫宁店”开辟独有的专属入口，并将其作为与聚划算及天猫超市同等地位的存在。但阿里与苏宁在各自从事的领域所取得的巨大成功，也让两者在合作中都想拥有更多的话语权。

阿里可以说是一家土生土长的互联网企业，而苏宁则从传统零售行业转型而来，双方的企业文化、价值观、组织结构等都存在着巨大的差异。“猫宁店”的出现，让两者之间的这些差异开始激烈碰撞。

在初始阶段，双方都不想做出妥协，它们都认为自己采用的模式是建立在多年运营积累的丰富经验之上的，都已经得到了市场及消费者的认可，所以，另一方应该配合自己做出相应的调整。但如果双方都如此执着，也不会有今日的“猫宁店”了。最终给出的解决方案是将“为用户创造价值”作为终极目标，双方都做出了相应的调整。

天猫需要进行的调整主要体现在技术层面上。在“猫宁店”刚登陆天猫平台时，双方系统并未实现无缝对接，该阶段的产品上新完全依赖于店铺运营人员进行手工操作。更为关键的是，在用户体验方面，“猫宁店”与天猫中的其他店铺之间存在着较大的差异，对普通店铺，天猫已经成立了一套相对成熟的服务体系，但这种服务体系并不能直接沿用到“猫宁店”中。

因为苏宁在服务体验方面更为优秀，依托于多年积累的线下运营经验及丰富资源，苏宁可以为其线上用户提供以旧换新、线下自提、半日达、急速达、上门安装等优质服务，而这些是天猫的服务体系目前所无法做到的。

从本质上来说，天猫作为一家服务数十万商家的综合平台，提供这种超高级服务也不在其考虑范围内。而“猫宁店”的出现则打破了这一局面，赋予商家充分的自主权并提供一流的配套服务，是天猫必须要在“猫宁店”中予以实现的。

苏宁要面对的主要问题是适应从一个规则的制定者变为普通卖家的角色转变。虽然是一个战略合作伙伴，但作为天猫平台诸多卖家中的一员，也必须严格遵守相关规定。

以电商用户颇为重视的物流时效问题为例，在电子商务发展初期，出现延迟送货问题时，卖家一般会与用户进行沟通，私下处理，平台对此也是睁一只眼闭一只眼。但发展相对成熟后，以用户需求为导向的天猫对于物流时效问题进行了严格的规定，商家出现问题时，一律按照规则给予惩罚，并不会因为苏宁的特殊身份而给予优待。

这一点也是苏宁需要向阿里学习的地方，即通过制定公平合理的监管规则对商家的行为进行有效规范，进而有效避免人工干预。目前，苏宁易购也在尝试推行这种标准化的服务，从而有效地提升用户体验。

◆ 优势互补：同步提升核心竞争力

既然阿里与苏宁是要进行长期的战略合作，双方必定要做出一定的让步，为了将“猫宁店”做到完美，哪一方能够提供最为优质的服务就要遵守其标准。

在供应链管理、物流配送及服务方面，苏宁具备明显优势，为了让苏宁在这一方面的优势得到充分发挥，天猫为“猫宁店”专门开发了后台系统。更为关键的是，苏宁在供应链管理方面的强大优势，使其可以为天猫平台的其他商家开辟代理渠道，这不但可以扩大苏宁产品的销量，也能为阿里创造更高的收益。

在大数据运营、用户流量及平台管理方面，阿里具备巨大的优势，其在天猫平台首页上为“猫宁店”开辟了专属入口，和其主推的天猫超市、聚划算处于同一地位。据公布的数据显示，“猫宁店”的用户转化率可以达到 3%，而普通天猫店铺的这一数字还不足 1%。

作为一个全新业态的“猫宁店”使苏宁找到了提升核心竞争力的有效途径，通过与天猫合作来补足自己的短板后，苏宁具备的优势得到了最大程度的发挥，从而为其整个企业的进一步发展打下了坚实的基础。在学习天猫平台的管理制度后，苏宁旗下的“苏宁易购”电商平台的用户体验得到了极大提升。

◆ 激发核聚变：“猫宁店”的未来战略布局

虽然，“猫宁店”取得了令许多线上店铺羡慕的成绩，但苏宁并未就此止步，在苏宁方看来，目前双方的融合势能并未真正发挥出来，在大数据与供应链管理结合方面仍存在着巨大的探索空间。就如苏宁副总裁兼任“猫宁店”管理者的王哲曾表述的一样：“阿里和苏宁‘强强联姻’的效果不仅是‘5+5’，而是要变成‘5×5’，甚至是‘5的五次方’这样的化学、聚核反应。”

具体来看，“猫宁店”仅是苏宁与阿里之间合作的开端，未来双方可以共同探索的领域主要如下：

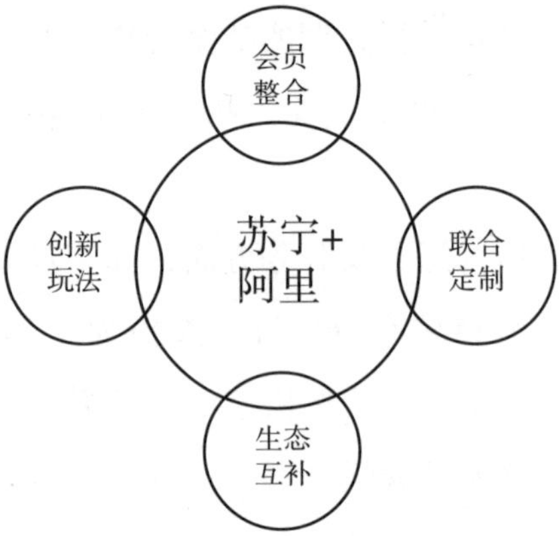

图6-5 “猫宁店”的未来战略布局

1）会员整合

同为在国内市场深耕多年的巨头企业，苏宁与阿里在发展过程中积累了海量忠实用户，在借助互联网实现双方数据资源共享，使阿里全球供货中心与苏宁云布局实现深度融合，从而全面释放用户的潜在价值，为开展渠道下沉的农村电商及向海外市场进一步拓展打下了坚实的基础。

2）联合定制

目前，我国已经迎来由“80后”及“90后”这一新消费群体主导的新消费时代，用户需求越发个性化、差异化及细分化，为了更好地迎合用户需求，企业需要实现产品及服务的定制生产。在发展过程中，阿里及苏宁积累了海量交易数据，通过借助大数据及云计算对这些数据进行搜集、分析及应用，从而可以通过溢价能力更强的定制化产品及服务获得高额的回报。

3）生态互补

由阿里与苏宁共同打造的超级店铺——“猫宁店”打破了线上与线下之间的边界限制，这为我国传统零售企业实现互联网时代转型升级提供了丰富的借鉴经验。双方在数据、流量、产品、服务、物流及金融等方面的深度合作，将品牌商、零售商及消费者密切联系起来，最终打造出了一个系统并完善的闭环生态。

4）创新玩法

阿里与苏宁在运营“猫宁店”过程中积累的经验，将有效地推动其后续进行O2O模式创新及电商平台运营管理创新。

对于双方合作的未来发展前景，苏宁云商副总裁王哲有着充分的信心，他表示：“双方的优势互补性很强，我们的结合一定要产生化学、甚至是核聚变反应，让双方都是如虎添翼。”未来，随着双方战略合作的不断深入，越来越多的资源会投入到“猫宁店”中来，届时两大巨头的合体势能将迎来质的飞跃。

◎ 7－11便利店对实体零售的经营启示

目前，在线下零售业中，“大而全”“小而美”都获得了不错的发展。“大而全”指的是那些集“吃喝住游乐”为一体的超级购物中心；“小而美”指的是那些服务定向人群的专业店。

在受电商冲击最为严重的这几年，线下零售业中与“大而全”“小而美”均不同的“小而全”的便利店成为发展最快的一种业态。2010—2014年，便利店总数复合增长11.81%，其销售额复合增长17.55%，相较于同期的其他零售业态来说，这种增长非常明显。关于“小而全”便利店，全球便利店霸主7－11可以给我们很多启示。

作为全球最大连锁便利店的7－11，其覆盖了全球200多个国家和地区，店铺总数超过 100 万家。仅在日本，每年光顾 7 – 11 的人数就超过 64 亿人次。7 – 11 为何如此火爆？为探究其原因，我们对其特点进行分析。

1）将“便利”做到了极致

除正常的售卖商品之外，7 – 11 还提供了许多代理服务，如代收水费、电费、燃气费、代售景区门票、送货上门等。并且，7 – 11 还成立了自己的银行，提供兑换服务，甚至还办理退税业务。更让人惊叹的是，在日本，不仅 7 – 11，很多便利店都可以代缴学费，且这种服务早在 2000 年前后就已经开始了。

2）重视特许经营，有独立的供应链

7 – 11 认为，对于小型店来说，其店员经常和客户见面，他们对客户的需求是最了解的，其倒闭的真正原因不是商品有问题，而是生产效率低。因此 7 – 11 的咨询、宣传及销售指导等服务都是由总部提供的，在平等的关系下双方明确职责进行分工。

3）店铺的高密度化

7 – 11 开店有一个非常大的特点就是高密度化，选中某一区域集中开店，当该区域的店铺密度达到一定程度后，再开始向下一个区域进发。7 – 11 有很多合作伙伴，例如，7 – 11 没有中央厨房，却有 175 个中央厨房与其合作，其中有 161 家是专供的。再如，它的物流体系，7 – 11的物流体系是根据其店铺的拓展情况来建设的，其物流配送也很少直接参与，大多采取的是合作模式。在这样的做法下，不仅优化了配送模式，还大大地节省了物流成本。

4）产品线丰富，且创新变革不断

日本 7 – 11 总部提供的产品有 4800 多种，其中 60% 以上都是自营的，每周还会推荐 100 种新品，产品每年的更换率在 70% 左右。另外，7 – 11 还有专门的员工对各类食品进行试吃，一位专门的食品试吃员工每年试吃的食品种类多达 35852 种。一旦发现某种食品的口感或者质量存在问题，就马上让工厂进行改善，那些有问题的食品一定不会在店铺中出现。

5）及时应对电商危机

一般情况下，日本 7－11 便利店的店铺面积都在 120 平方米左右，可以展示的商品种类为 2800 种。为了应对电商冲击，7－11 便利店主动与其他公司进行合作，对网上的商品进行拓展，现其网上商品多达 300 万种，并提供送货上门服务。同时在产品开发、店铺运营设计等方面也紧跟时代发展需求，在服务上也做出了大量的延伸。

6）客户的黏度很高

7－11 的很多便民服务都大大增强了客户的黏度，解决了物流配送等诸多问题，似乎变成了一个做平台的零售商。

7－11 的这许多特性造就了它的成功，国内的零售业需要向其学习。

第 7 章

营销创新：引领消费者的购买新体验

7.1 体验营销：体验经济时代，有效挖掘消费者需求

◎ 我国零售行业体验营销现状分析

近年来，越来越多的国际零售商瞄准了中国市场，彼此之间展开激烈的竞争。尽管很多市场策划人员不断采取措施凸显自身产品的优势，但仍然没有与用户的体验实现无缝对接，也未给用户提供另其满意的生活方式。为了取得突破性进展，零售业需采取体验营销策略，进一步匹配消费者的内在需求。

如今，相比于其他同类企业，很多零售商的营销策略缺乏差异化特征，都围绕价格因素开展系列活动，如提供优惠价、发放礼券、附赠礼品等。而且，这种营销更加看重最终的效果及是否达到预设目标，并不关注过程，只要商家采取的营销策略能够快速见效，促进产品销售，就会得到认可，而不会在意营销过程本身与消费者之间的关系，无法从各个方面满足消费者的利益需求。

当商家的竞争聚焦于价格因素时，并未意识到，对消费者而言，他们希望在进行产品消费的同时，能够获得高质量的体验，而不仅仅局限于满足其某一方面的需求。产品价格无法从情感层面上打动消费者，也不能使其获得思维层面的满足感，为了解决这个问题，零售业经营者就要采用体验营销的策略。

目前，世界范围内凭借体验营销获得成功的商业案例比比皆是，例如，旅游景点设置的“野外生存训练”、供孩子体验职场生活的“the kid’s city”、为游戏玩家提供极致体验的“the second life”等。宜家、星巴克等企业也通过体验营销策略的实施，逐步在中国进行了大范围的市场开拓。

体验营销并未对传统营销模式进行彻底颠覆，只是从全新角度来考虑问题。为了满足消费者在各个方面的需求，需要围绕某个特定主题，将体验营销策略的实施贯彻到所有环节中，为此，企业经营者应该着力提高自身的体验服务水平，为用户提供优质产品，通过相关活动的开展，满足消费者的多样化需求。

目前国内存在的主导零售业态有：百货公司、超市、品牌店及购物中心，这几种行业形态都比较适合体验营销策略的执行。

◆ 百货公司

近年来，中国百货业的发展不断完善，在很多经济发达的城市分布密集，但只有极少数商家采用了新型营销模式。尽管有很多百货公司在经营过程中涉及体验营销，但目前以消费者特定生活主题为中心推出的营销活动非常少，多数体验活动仅仅是为了符合用户在情感、心理、行为等方面的期待，无法指引消费者追求更高质量的生活，也不能促使他们为达成自己的生活目标而努力。

节日活动是多数百货公司采用的营销主题，像中国的传统节日春节、元旦、中秋、重阳，还有西方的圣诞节、万圣节等。除此之外，以消费者生活方式为中心开展的活动也不少见，如大型的婚博会，在活动策划及举办期间，企业会与婚纱摄影、婚庆酒店、婚车出租公司等进行合作，为参与者提供相关服务。

但是，多数活动的现场互动仅限于抽奖，缺乏对主题元素的集中表现。另外，无论是产品展示，还是推广互动，其指向都是一致的，即提高产品销量，没有从消费者的角度出发，无法满足他们的情感需求。

◆ 超市

近年来，国内超市大量涌现，具有代表性的有：沃尔玛、家乐福、上海联华等，与此同时，许多地方超市也纷纷崛起。通常情况下，超市的用户定位为当地的消费群体，而这些消费者最关注的是商品的性价比。在这种大趋势下，超市会围绕价格因素推出各类活动，如积分累计换折扣商品、在某个时间段内进行特定商品的促销打折等，吸引更多顾客青睐。

立足于体验方面来分析，超市与百货公司存在共同之处，超市的活动也缺乏统一主题，即便是主题活动，也多半是围绕节假日来开展的。另外，在与消费者交流方面，企业往往忽略了消费者的反馈，仅限于将产品信息通过发传单的方式传达给消费者。

极少数大型超市会定期与顾客进行面对面的深度互动，组织一批消费者，就某个特定主体听取消费者的意见，从而获取他们的看法与期待。从某种程度来讲，很多超市在实际运营过程中并没有考虑到消费者的情感需求，也无法激发其进行深度思考。

◆ 品牌店

在实施体验营销策略的过程中，品牌店应该瞄准特定目标群体，将消费者的生活方式与个性化元素融入品牌当中，营造能够打动消费者的氛围，与消费者进行深度交流。相对于其他零售业态，品牌店更适合采用体验营销措施，目前，宜家与星巴克在国内市场呈现良好的发展态势，也是这方面的典型案例。

宜家主张时尚、简约、自然的生活理念，星巴克则强调自由、分享，这两个品牌店在实施体验营销策略时，会推出某一主题，并将其相关元素体现在与消费者接触的多个方面。

国内很多品牌店也能把握消费者的个性化需求，但往往忽略了为消费者打造完善的体验过程，也不会注重店内的风格设计，不能围绕同一主题来进行灯光、墙纸、音乐的安排与呈现，消费者在看到店内张贴的标语后，不会深入思考自己的生活，其工作人员与消费者之间也鲜有深度交流与互动，因而，其营销方式无法使消费者产生情感上的共鸣，也不能增强其依赖性。

◆ 购物中心

在所有零售业态中，购物中心所属层级是百货公司、超市及品牌店都无法媲美的，相比之下，购物中心在采用体验营销策略方面也具备更多优势。很多零售业态都作为购物中心的组成部分体现出来，不仅如此，其经营者还有意融入了更多的娱乐化元素，更容易推出多样化的体验服务。

国内不少购物广场在结构组织方面严格遵循零售业占52%、餐饮业占18%、娱乐业占30%的最佳分配方式，购物广场内部建设购物圈、具有独特风格的餐厅、娱乐区域等，旨在让消费者在购物过程中获得高质量体验。

另外，为了在竞争中保持优势地位，很多购物中心将精力放在主题活动的举办与环境打造上，但除了硬件配置，为了更好地烘托主题，还需要进行灯光、音乐等方面的安排。尽管部分购物中心的视觉营造与活动确实能够让消费者觉得耳目一新，但因为没有从思维层面上触动消费者，也没有体现出消费者期待的生活方式，导致商家打造的体验仅限于活动现场。

◎ 进行体验调研，设计服务接触点

作为企业经营者来说，要实施体验营销，就要立足于消费者的角度考虑问题，了解目标群体向往的生活方式，在此基础上推出符合消费者需求的环境，为消费者的情绪释放提供载体，引导消费者发挥自己的创新思维，付出实际行动追求更高品质的生活，使消费者对自己的环境及产品产生高度的认同感。

在成功的体验营销中，消费者从交易中不仅能收获自己所需的产品，还能享受高品位的生活方式，为此，消费者可能甘愿接受比同类产品更高的价格水平。

对零售业而言，体验营销策略的实施过程有如下几个阶段：采用体验式调研和触点设计了解顾客的感性认知，利用产品推广及环境打造引导消费者明确自己的需求，引导消费者找到适合自己的解决方案，并付诸行动进行自我实现。

◆ 体验式调研

体验式调研与传统调研存在很大不同，集中体现在，前者更偏向于了解消费者的感性想法，对消费者体验过程中涉及的种种因素进行把握：

★ 感觉方面的调研：该品牌店是否会让消费者觉得有独特之处；

★ 情感方面的调研：顾客进店之后是否会觉得赏心悦目；

★ 行动方面的调研：该品牌店的工作人员有没有对消费者的行为产生引导作用，使其将自己的意见反馈给经营者；

★ 思维引导方面的调研：该品牌店有没有促使顾客产生特定联想；

★ 关联方面的调研：其他消费者是不是与自己有着许多共性特点。

问卷调查只是了解消费者需求的一种方式，另外，商家也可定期选取并组织一定数量的消费者，与其进行面对面的直接交流，也可由员工主动询问消费者对自身产品及服务的意见。与此同时，企业不同部门、工作人员之间需保持密切联系，及时了解消费者对当前主题的认可度，根据他们的期待推出新主题。

◆ 接触点设计

在具体实施过程中，经营者需在销售准备阶段、销售过程中，以及销售活动结束后对消费者的体验过程进行研究，据此采取相应的工具进行营销：

★ 在销售准备阶段，通过线上、线下渠道进行信息推广，使顾客了解活动主题；

★ 通过灯光、音乐的设置烘托主题，让进店顾客迅速受到感染，并快速融入主题活动中；

★ 若顾客想要进行消费，经营者需通过产品设计，从思维层面上启发顾客，并为其提供解决方案；

★ 让顾客在活动过程中体验自己理想中的生活方式，明确自己的价值理念；

★ 促使顾客与附近的工作人员或其他顾客进行交流，感受自己作为该群体中一部分的价值所在，认同自己所属的群体并产生归属感。

例如，宜家的商场布局及其购物流程设计为消费者的独立操作提供了便利，顾客光顾商场期间的所有活动都可由自己完成，包括自行查看产品价格、进行信息咨询、缴费等环节。

◎ 引导消费者明确需求并自我实现

◆ 产品推广

除产品本身之外，还要利用产品推广从情感、体验方面打动消费者。在这方面具有代表性的是星巴克，人们能够从其所有的宣传册上看到该公司提倡的“第三空间”价值理念，也就是说，体验与产品一样，也是公司注重的一方面。在具体实施过程中，经营者可采取多样化的推广方式，既可利用线上渠道，也可在线下进行产品展示、发放宣传单、印制广告目录等。

如今，不少企业联合电子杂志平台进行广告投放，设置逼真的情节还原现实生活，有时还能超出现实，让消费者对其营造出来的环境充满期待。除此之外，企业的官方平台还能为消费者提供多样化的方案，允许顾客进行自由选择，如著名油漆品牌多乐士推出配色系统；随着科技的进步，越来越多的企业会进军网络虚拟体验；国际商用机器人公司（IBM）与知名游戏“second life”联手……零售业不妨借鉴其发展经验，通过网络虚拟世界为消费者提供形式多样的体验服务。

◆ 环境打造

零售业可通过环境布置突显自身的竞争实力。占地面积庞大的购物中心，以及规模较小的品牌店，都可以通过多种方式（如灯光、音乐、壁纸图案、产品摆放等）突出共同的主题，使消费者产生代入感。

以星巴克为例，无论是四周的墙壁、中间的隔板，还是消费者接触最多的座椅，都与咖啡的颜色保持同种格调，除此之外，灯光的铺设、整个空间中弥漫的咖啡味道，让人轻轻品尝一口，就感觉自己被舒适、悠闲的氛围所包裹。加上轻快的音乐，使人可以静静体味自由轻松。墙壁上的图案多为抽象风格，具有鲜明的个性化特点，所有的元素都是以咖啡文化为中心，可见其颇具匠心。

◆ 解决方案

在马斯洛五大需求中，处于顶层位置的是自我实现的需求，这是在实现体验式销售过程中最重要的环节。在国内的零售行业中，虽然大部分商家把握了消费者的内在需求，但是却没有落实到营销过程中，还是只销售产品，无法满足消费者的感性需求。

体验式销售过程要充分发掘消费者的能动性，通过体验，促使消费者独立处理问题。这种由消费者自己想出的方案，是针对消费者个人的个性化方案，完全适合消费者。而商家的任务就是让消费者充分了解产品的特点、自主设计范围及其注意事项，使消费者能够更好地设计出属于自己的独特产品。

例如，宜家家居在这方面做出了成功的尝试，他们将产品卖场设计成供消费者设计自己独特家居搭配的场合，消费者能够根据各式家居的特点搭配出适合自己居所的完美方案。

星巴克是让顾客自己调制符合自己口味的咖啡，无论是咖啡粉的量，口味的选择，还是加入的奶的种类及多少都可以由顾客自己决定，当然顾客也能买好冲器及咖啡豆，在家中调配。

◆ 关联体验

想要满足消费者的自我实现需求就不能只销售产品，而是要转向方案销售，除此之外，还要与消费者进行深度交流来体现出产品和方案强调的生活主题。在所有的体验方式中，处于最顶层的便是关联体验，它能够使消费者真正满足自我实现的需求，找到自己作为群体一部分的意义所在。

在零售行业，服务人员与消费者的有效交流能够促成关联体验的实现。交流不仅仅局限于产品的介绍和搭配方案的指导，而且要站在消费者的角度，与其分享对于生活的认识，保证沟通的顺利进行。

例如，星巴克提倡服务员将顾客当作自己的朋友。因而，这些员工能够用朋友的口吻来介绍咖啡的口味、搭配方法等知识。对于熟悉的客人，他们都会知道客人的名字，像老朋友那样，与其舒适惬意地聊很长时间。星巴克为消费者营造了一个畅快的交际环境，让顾客体验到惬意与闲适。星巴克将整个室内设置成暗黄色格调，其桌椅的放置也能够便于朋友交谈，这样客人就能够感受到轻松自在的氛围。

宜家选用的则是另一种交流方式，将传统的家居卖场转换成合适一家人闲逛的地方。所以他们的员工绝对不会主动寻找客户介绍产品，但是当消费者有服务需求时，他们又能够迅速而热情地为消费者提供专业指导。

7.2 借助大数据技术，实现零售业的精准营销

◎ 大数据在企业运营管理中的价值

近年来，谷歌、微软、亚马逊等巨头企业在大数据技术的研发及商业化应用方面投入了大量资源。目前，大数据被应用至企业运营过程中的产品及服务创新、成本控制、营销推广、管理决策等诸多环节。通过大数据技术对企业运营过程中的数据进行处理及分析，能够推动企业对自身的运营及管理进行优化，从而帮助企业创造更多的增量价值。

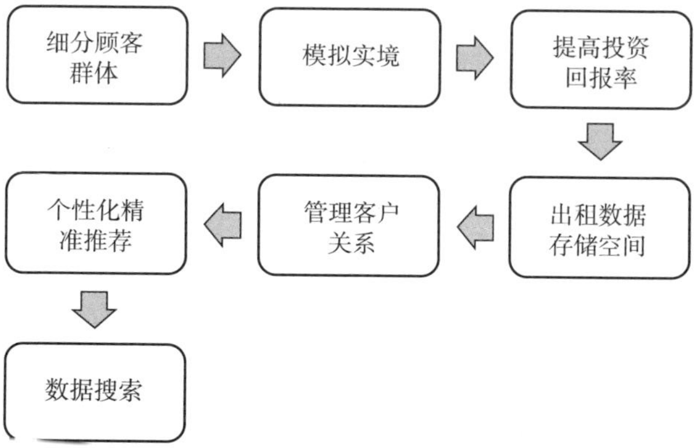

图 7－1　大数据在企业运营管理中的价值

◆ 细分顾客群体

通过大数据技术对客户群体进行分析，可以让企业掌握消费者的个性化需求，从而将目标用户细分为多个群体，为实现产品及服务的定制化生产打下坚实的基础。通过描绘出清晰的用户画像来进行定制化营销及服务，是多年以来企业界想要实现的终极目标，而大数据技术的出现，无疑为实现这一目标提供了无限可能。

◆ 模拟实境

通过大数据可以模拟出近乎真实的线下场景，从而让企业可以深度挖掘消费需求，并获取更高利润。目前，很多企业生产的产品中都加入了传感器，配合移动互联网及智能手机让企业能够挖掘的数据信息规模发生了质的飞越。此外，人们每天在社交产品、视频网站、电商平台中也留下了大量的数据信息。

借助大数据、云计算、物联网等新一代信息技术，企业可以低成本、高效率地为消费者建立个人电子档案，从而让企业最大限度地释放这些数据资源的巨大潜在价值。在充分掌握这些数据资产的基础上，企业可以建立虚拟化场景来对即将进行的营销活动在不同市场中的实际效果进行有效的评估。

◆ 提高投资回报率

通过大数据对数据资源进行深度挖掘后，企业可以将获得的分析结果分享给产业链上下游中的合作伙伴，从而更好地提升自身的盈利能力。以电商平台为例，平台运营方可以将自己挖掘到的消费需求信息提供给生产商、销售商及物流服务商等，从而可以让他们更好地配置资源、改善产品及服务，最终使电商平台整个生态系统的所有参与者都能受益。

◆ 出租数据存储空间

随着社会各界对数据资源的重视程度大幅度增加，个体及企业在存储数据方面的需求也被提升至新的高度。根据需求方的特点，数据存储业务可以分为面向个体用户的数据存储服务与企业级客户的数据存储服务。

通过开发出便捷易操作的 API，数据存储服务商可以让个体及企业十分方便地将数据存储在云端，付费方式主要是综合考虑占用的存储空间及存储时长两个指标。目前，谷歌、阿里、百度、亚马逊等互联网巨头都在积极布局这一市场。

◆ 管理客户关系

进行客户关系管理的目的主要是通过分析客户的数据，来更加全面深刻地了解客户群体，从而帮助企业获取更多的新客户、提升现有客户的忠实度、刺激客户的消费欲望等。

目前，很多品牌商使用贴吧、微信、微博等社交媒体工具来进行客户关系管理，而通过大数据分析技术，企业可以对这些用户的交流数据进行搜集整理，掌握用户的兴趣爱好、性格特征等，从而有利于帮助企业与这些用户建立起良好的信任关系。

◆ 个性化精准推荐

移动互联网时代，根据用户的兴趣爱好来向他们推荐产品及服务是许多商家的普遍选择，例如，电商平台根据我们的搜索数据及交易数据推荐产品；应用商店根据我们下载的应用产品向我们推荐新应用；一些视频网站及直播网站在我们首次登录时，会让我们选择自己比较感兴趣的类别等。大数据技术的应用使企业向消费者进行精准推荐具备了落地基础，使企业的盈利能力大幅度提升。

现实生活中，我们使用手机、电脑等设备时，会经常被一些弹窗广告所困扰，这很大程度上是因为商家向我们推送的信息不符合我们的消费需求。而企业利用大数据技术对用户群体进行分析后，可以向用户推荐他们感兴趣的信息，这在提升用户服务体验的同时，也提升了企业的产品销量。

◆ 数据搜索

数据搜索并非是近几年才出现的新事物，只不过由于大数据开始崛起，更为高效精准的搜索需求变得尤为突出。企业通过搜集浏览器、社交平台、视频网站等各类互联网产品中的用户数据并将这些数据处理后，可以将其提供给投放广告的品牌商来完成价值变现。

不过这种模式并不适合中小企业，从国内市场来看，淘宝、天猫、京东几乎垄断了电商数据，微博、微信则控制了社交数据，百度在 PC 端控制了搜索数据等，在数据资源的价值受到如此之高重视的背景下，它们显然不会将这些数据资源开放给第三方企业。

◎ 大数据如何与零售企业相结合

在挖掘数据资源的潜在价值方面，很多线下零售商业给予了高度重视，他们积极借助大数据技术挖掘自身拥有的数据资源的潜在价值。但在具体实践过程中，零售商却遭遇到了各种各样的问题，例如，许多服装品牌商在应用大数据技术的过程中，其严重的库存积压问题也被暴露无遗，影响了企业的品牌形象及投资方的投资热情。

这些问题的存在，让线下零售商虽然认可大数据在零售领域的发展前景，但在具体的应用方面有些畏首畏尾。

◆ 将零售策略与大数据技术进行结合

对零售企业而言，大数据具备的最大价值更多地体现在将大数据技术与零售策略融合，制定出更加完善的零售策略，从而达到提升产品销量的目的。

大数据具备以下方面的特点：

★ 数据规模十分庞大；

★ 数据更新速度尤为迅猛；

★ 数据类型十分复杂，不但有各种各样的结构性数据，还存在各种各样的非结构性数据；

★ 价值密度相对较低，这和数据规模太过庞大存在直接的关联。

掌握以上几个数据的主要特点，可以让企业在搜集并处理业务数据时，制定出一定的应对策略，从而让企业能够更加高效灵活地应对市场环境的变化及竞争对手的激烈竞争。

例如，一些开始转型 O2O 的实体零售商，在其进行线上的营销推广活动时，通常为此次活动制定出至少三种营销策略，从而可以应对一些意想不到的突发情况。如此使用数据资源，才能让零售商们更加高效地挖掘大数据的巨大潜在价值。

在实体零售领域，存在着许多通过分析用户数据对零售策略进行创新的经典案例，其中美国零售巨头沃尔玛将尿布与啤酒结合在一起的营销策略被业内广泛认可。这是因为在掌握了大量的用户数据后，沃尔玛发现很多的美国妈妈在家里照看孩子时，会要求丈夫在下班回家的路上为孩子购买尿布，而后者在商超中购买尿布时往往还会买他们喜欢喝的啤酒。

这就为沃尔玛将表面看似毫无关联的尿布与啤酒摆放在一起提供了灵感，从而创造出了一种新的销售组合。不过对绝大部分的零售商而言，即便明白这种道理，也不一定能够创造出新的销售组合策略。将大数据应用至零售领域，从而帮助企业制定出更为完善的零售策略，将是未来零售产业的一种常态。

◆ 零售企业对大数据应保持正确态度

具体来看，要想通过大数据为自身构建核心竞争力，零售商需要对大数据有以下四点认识：

1）零售企业管理者需要认识到大数据存在的巨大潜在价值，注重对自身运营数据及用户数据的积累；

2）组织成员进行培训并投入足够的资源建设数据收集机制；

3）结合自身的主营业务，明确数据收集的侧重点；

4）在结合企业已有的数据资源及未来战略方向的基础上，为上述三点制定切实可行的落地方案。

要建设能够搜集并处理数据的应用系统，并购入软硬件设备，需要企业投入较高的成本。这对于国内的小微零售商而言，是一个较高的门槛，他们不像中型及大型零售商一般在人才及资金方面都具有一定的优势，如果贸然地在这方面投入过多的资源，很容易导致自身陷入严重的生存危机。

但这也并不代表中小零售企业在挖掘大数据的巨大潜在价值方面没有机会。事实上，在一种颠覆性的技术面前，所有的企业都能从中找到发展机遇。作为资金与人才资源并不充足的小微零售商，也可以不必自己投入资源建设大数据系统，而将这种业务外包给提供大数据服务的第三方服务商，从而将自身的资源及精力集中到产品及服务上面。

目前，很多云服务商都为实体零售商制定了个性化的云服务解决方案，这些小微零售商们也可以和中型及大型零售商一样使用最为顶级的软硬件设施。它们只需要制定出具体的目标及实施方案，并向云服务商支付租赁费用即可。

◎ 企业如何建立大数据分析模型

众所周知，行业的潮流商品往往体现消费者的实际需求，而潮流是不断处于动态变化之中的，这就需要品牌与零售商借助大数据分析行业的动态需求情况。无论是零售企业的日常运营，还是企业的重大决策，企业面临的各种问题都可借由大数据分析来获取答案。比如说，目标消费者希望品牌具备何种价值等。

那么，企业是如何从大数据分析中探求答案的呢？这就需要具备三方面要素，分别是数据、模型与人。实际上，仅有数据与模型是难以真正驾驭大数据的，能否将其与管理变革的人密切联系在一起才是关键。当然，在万事俱备的情况下，需要从如下三个方面考虑，建立大数据分析模型，并完成数据分析。

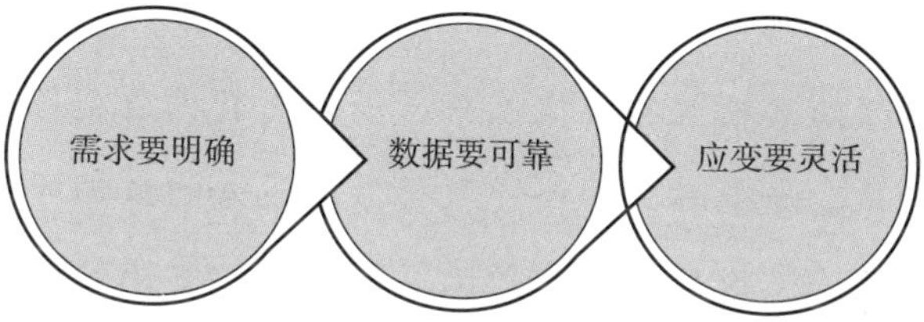

图 7－2　企业建立大数据分析模型的三个关键

1）需求要明确

行业数据涉及范围广、种类多、数量庞大，在收集数据的过程中，应重视数据的“质量”，即数据是否可以体现品牌的实际需求，将数据锁定在特点的范围内，减少不必要的冗余。

2）数据要可靠

建立内部可靠的数据库是进行大数据分析的前提与基础，为此在实践中要不断地完善数据，为大数据分析提供规范的、精准的数据。这就意味着，数据不能是一成不变的，需要不断地规整并改进，进而为大数据分析判断提供可持续的支撑。

3）应变要灵活

在数据处理过程中，应针对不同的场景灵活地应变，切忌过分依赖数据分析模型。大数据处理重在解决实际问题，这就需要将技术能力与行业实情密切结合，以此为基础做出应对，找寻数据分析结果。

零售行业存在海量的数据信息，数据分类繁多，品牌和零售商是难以掌握各种数据的，那么，如何才能借助大数据助力企业发展呢？从目前情况来看，内部销售、客户关系两类数据对企业具有很大的价值，且易获取与利用，而借助外部数据可以充分了解消费者深层次的需求。若能将内外部数据有效结合，必然可以建立更加全面的分析模型，企业从中受益也就不在话下。

近几年，零售行业刚刚专注于大数据分析，各品牌势均力敌，尚没有哪个品牌做到出类拔萃，不过，各大品牌不断增加相关的技术与资本投入，大数据分析能力也日益提升。

例如，国际知名服装品牌优衣库，借助大数据监测与分析，将每个店铺、每款产品、每个时段的消费数据形成庞大的数据库，经对数据的监控分析指导产品定价、主导生产决策，如将销量高的热款产品相应地提价。

奢侈品牌 Burberry（博柏利），则借助数据分析结果细分客户，满足不同客户的需求，例如，针对紧追潮流的消费者或者 VIP 客户，博柏利会邀请参与新品预览会，而针对注重品质与性价比的白领人群，博柏利则在打折季以邮件或者短信的形式进行提醒。

直至目前，大数据分析还处于起步阶段，成熟的大数据分析模式的形成还需要一定的时间，但是大数据分析对行业的贡献却是毋庸置疑的，对此关于“如何驾驭大数据”仍需品牌或者零售商进行长远策划。

◎ Target 与 ZARA 的大数据营销实战

◆ Target

拥有 1790 多家线下门店的美国大型连锁超市美国塔吉特公司（Target）应用大数据来制定零售策略的案例被业内给予了高度评价。

毋庸置疑的是，孕妇群体是一个购买力较强的消费群体。但很多孕妇更多地会选择前往专业的母婴商店购买产品，而不是前往 Target 购买。因为在很多人眼中，该公司已经被贴上了销售手纸、袜子、清洁用品等日用百货商品的标签，对于 Target 拥有孕妇所需要的产品缺乏足够的认识。

为了有效解决这一问题，Target 顾客数据管理部门制定了一个数据模型，通过该数据模型，Target 能够在女性怀孕初期就将其筛选出来，从而帮助营销部门更加及时精准地向孕妇群体进行营销推广。

由于美国社会中新生儿出生记录都是公开的，如果等到新生儿出生后，再向他们的父母进行营销推广，此时必然会面临海量的竞争对手。所以 Target 借助数据模型，能够在前期为孕妇群体定制优惠促销策略。

Target 公司内部有一个“迎婴聚会登记表”，在多年的发展过程中，该表中记录了海量的用户消费数据，将这些数据进行分析并建立数据模型后，Target 顾客数据管理部门得出了许多有价值的分析结果。

例如，女性在怀孕时，往往会选择使用刺激性较小的化妆品，购买能够补充微量元素的保健品等。Target 通过这些消费数据制定出了“怀孕预测指数”，并在实践中不断完善，最终将该指数的误差范围控制在极低的水平，从而为 Target 营销部门提前制定优惠促销策略打下了坚实的基础。

此外，为了避免让人们感觉到自己的个人隐私被泄露，Target 会在向目标孕妇群体推销孕妇用品时也会加入许多毫不相干的其他产品。

基于大数据建立的“怀孕预测指数”，使 Target 的孕妇用品销售额实现了快速增长。从该案例中获得了灵感后，Target 顾客数据管理部门很快将其推广至其他目标群体。据 Target 公布的财报数据显示，2002 年该公司刚开始应用大数据技术时，其年度销售额仅为 440 美元，而到 2014 年，这一数字已经增长到了 745.64 亿美元。

◆ ZARA

和奢侈品巨头 LVHM（酩悦·轩尼诗－路易·威登集团）相比，服装连锁零售品牌 ZARA 的服装产品价格仅为前者的四分之一。但当我们对比二者的财报后，却发现了一个让人难以置信的结论：ZARA 的税前毛利率竟然比 LVHM 高出 23.6%。事实上，这在很大程度上要归功于 ZARA 将大数据应用到了服装产品的销售过程中。

1）分析顾客的需求

在 ZARA 的线下门店中，几乎每一个角落都处于摄像机的监控之下，而且每一个门店经理都随身携带 PDA（掌上电脑），这样做的目的是为了在最大程度上搜集顾客对服装的需求信息。例如，他们对衣服上的图案、纽扣、拉链等方面的不同行为。这些数据会整合到 ZARA 内部构建的全球资讯网络中，并且每天都会反馈给服装设计部门，从而帮助后者对产品进行不断地优化完善。

每天停止营业后，店员还会对每天的服装销售情况、上下架信息及退货率等数据进行整理，制作成热销产品排名、当日交易分析报告，并将这些数据上传至 ZARA 的数据库中。

通过搜集顾客需求的信息，来调整产品设计及营销策略，极大地帮助 ZARA 减小了库存压力。更为关键的是，它帮助 ZARA 发掘出了一些普通方式难以发现的潜在消费需求，使自身的盈利能力获得了大幅度增长。

2）结合线上店数据

2010 年，ZARA 在欧洲市场推出电商业务，这也使得其搜集到的顾客信息规模呈现几何式增长。一年后，ZARA 又在美国及日本推出线上商城，并对线上商城中的搜索及资料分析功能进行了优化。这使得 ZARA 能够将有价值的数据信息实时地反馈给组织中的各个部门，在为用户带来更为优质的产品及服务的同时，也提升了产品销量。

为了更好地掌握消费者的个性化需求，ZARA 还在线上举办各类调查活动，通过这些活动整理用户反馈意见，来帮助设计生产部门对产品进行调整。

ZARA 将线上搜集到的海量数据作为实体店对产品进行优化调整的重要参考。毋庸置疑的是，在线上关注时尚潮流的群体，对服装产品的喜好、推动时尚潮流的能力等明显领先于普通大众。此外，一些在线上了解 ZARA 相关信息的消费者，进入线下门店的可能性也会更高。

ZARA 利用大数据来创造巨大潜在价值的模式，被其母公司英德斯集团推广至旗下的多个品牌中。在未来的零售产业，除了组织内部设计部门本身的创造力外，零售商对数据的整合、分析及应用能力也是决定其产品能否被认可的关键所在。

3）对数据快速处理、修正、执行

服装及化妆品零售商 H&M 一直在尝试学习 ZARA，想要通过大数据对自身的产品生产流程进行优化改善，但实际效果却令 H&M 感到十分失望。

最为关键的问题是，大数据的一大优势是帮助企业缩短产品生产周期，让生产部门根据动态变化的消费需求在短时间内对产品进行调整。但 H&M 的组织管理流程，却使这种优势根本得不到发挥。在 H&M 中，打版环节到出货环节需要耗费将近 3 个月的时间，而 ZARA 只用两周的时间就可完成。

ZARA 对服装产品的设计生产环节主要由西班牙市场中的研发部门负责，而 H&M 却将之分散在世界范围内的多个市场。虽然互联网的出现，使得跨国交流不再是问题，但对于服装设计而言，不同市场中的设计部门都会有自己的观点，要在短时间内形成统一的意见是很难的事情。

因此，即便是大数据能够反馈出各个市场中的需求信息，H&M 也不能在短时间内对产品做出调整。未来，想要让大数据在零售产业中发挥其真正的价值，企业必须在短时间内对数据进行处理、修正，并将其快速落地。

7.3 个性化营销：新消费升级时代的营销之道

◎ 构建全渠道：创造便捷的购买渠道

伴随移动互联网的飞速发展，渠道粗放式管理显然不再适用，全渠道整合发展迫在眉睫，零售企业必须紧跟时代发展的步伐，积极对营销渠道做出调整，促使各渠道的高效融合。基于此，零售企业不能再单纯地讲线上或者线下，而是站到消费者的角度，将原有的商品售卖转变为与消费者建立情感联系。

对于消费者而言，选择商品的时间成本实在太大，不仅需要对实体店进行了解，还需对品牌商品进行体验。对此，当消费者选定某一品牌商品后，往往希望能够与品牌保持某种联系，以期在下次购物时想起这个品牌，或者再次光临店面。这就意味着，能够吸引消费者的不仅仅是商品的低价优势，还有存在“温度”的营销手段。

步入移动互联网时代后，品牌营销路径也在不断地发生改变，在过去，营销信息是由品牌单向灌输给消费者的，而如今，消费者可以借助社交媒体平台发表评论，进行口碑分享或者提出意见，实现品牌与消费者以及消费者之间的互动交流。

基于社交网络在品牌营销中的应用，消费者行为不仅会改变品牌认知，更帮助品牌挖掘出越来越多的潜在顾客，如消费者在微博、微信等平台转发品牌的营销信息。此外，有消费者参与的营销过程，还会让品牌更多地了解消费者需求，客观地评价产品、优化产品。

然而，消费者参与的营销互动是以移动互联网为基础的，即各渠道平台是以移动端为载体，难以把控互动交流的时间。对于零售企业而言，这种碎片化信息传递无疑加大了数据分析的难度。

伴随电子商务的飞速发展，各种渠道下零售商与品牌的联系越来越密切，而全渠道联动尚未形成，不同渠道间带给消费者的购物体验仍旧不同。如何才能模糊线上与线下界限，带给消费者完整的品牌体验，是当前全渠道融合面临的最大困难。基于此，零售商要以消费者为中心，全面进行全渠道融合布局，将线上与线下渠道打造成展示、沟通、交易、寄送的综合体。

当下，新媒体技术日益成熟，这为全渠道转型创造了良好的机遇，对此，零售行业在业务规划、触电布局时，应充分发挥数字新媒体的作用，如进行话题营销、新闻事件营销、POS 升级、搜索优化等。此外，应以消费者的实际需求设计创新体验，促使每一个渠道都贴近需求，避免一味地重视设计改变，要设身处地地考虑消费者需要怎样的信息、从哪种渠道获取信息更为便捷，进而为其创造便捷的购买渠道。

美国著名的高档百货公司 Macy's（梅西百货）就是以消费者为中心，从商品到售后全流程进行业务规划与触点布局的，进而为消费者带来简单却全面的购物体验。此外，在线上布局的同时，线下实体门店也开始融合数字化技术提升购物体验，促使线上、线下边界进一步模糊，各渠道联动更为密切，全面升级消费者的购物体验。

国际知名美妆品牌 SEPHORA（丝芙兰）就门店消费者的实际需求，充分运用科技手段，为消费者提供便捷化、个性化的购物体验。举几个简单的例子：美妆商品购买过程中，消费者倾向于自助试用，为此丝芙兰购置“颜色智商”机器，这款高科技产品可以精准地确定顾客的肤色类型，并为顾客提供适宜的彩妆，极大地减少了顾客在美妆商品选择过程中的试错环节，帮助顾客高效率的选定商品。与此同时，丝芙兰还与 Sensa 技术公司联手，借助 Sensa 互动屏幕解答顾客的疑问，帮助顾客合理选择护肤品、香水等，深入顾客喜爱。

基于现有需求创造便利仅为数字化触点布局的一个方面，为充分发挥数字化技术优势，品牌与零售商还需挖掘并分析消费者的潜在需求，进而促成额外交易。

还以 Macy's 为例，品牌可借助移动端的技术手段，深入了解顾客的需求情况，如顾客多次进店浏览或者进店逗留时间较长，但都没有下单购买，对此 Macy's 会在移动端 APP 推送折扣券刺激购买。

据 Macy's 2014 财年数据显示，与 2013 年相比，营业利润增加 28 亿美元、净利润增长 2.7%，由此不难看出，在全渠道战略下 Macy's 不仅获取颇丰的收益，也让 Macy's 在行业萧条背景下脱颖而出。

◎ 社交互动：与消费者建立情感连接

综观布局线上营销的零售品牌，多以单向宣传为主，营销内容也单调乏味，难以真正吸引顾客注意。在移动互联网时代，线上营销内容需优化升级，让原本的“促销”转变为“社交互动”，进而建立与消费者的情感联系。

专注于为顾客打造时尚优质生活的 KM，将新产品的图片、穿搭指南、穿衣哲学等融入营销内容中，并发布到社交媒体主页，刺激顾客在商品信息浏览过程中的购买欲望。这种将时尚、休闲、娱乐等诸多生活元素融入线上营销内容的方式，可为顾客提供独特的分享体验，便于顾客轻松购物，也为 KM 挖掘了大量的潜在消费者，集聚了大量的人气。

此外，KM 还将线上与线下营销相结合，在线下开展“开业演出”之际，邀请网红驻点进行互动直播，并借助外国的 Instagram、Facebook，以及国内的微博、微信等平台发布活动信息，在吸引大量顾客访问、点赞的同时，充分赋予品牌互动价值。

除 KM 外，部分知名品牌则突破了商品推广的局限，颠覆传统营销方式，以创意互动为主的线上营销手段，与消费者建立更加密切的生活联系。

例如，时尚珠宝品牌 Tiffany 推出“寻找订婚戒”APP，每款戒指都设计有传奇的爱情故事来吸引消费者，同时消费者在浏览戒指信息的过程中，也可选择适合的款式进行“试戴”；再如，著名高跟鞋品牌 Christian Louboutin（克里斯提·鲁布托）也相继推出别具一格的移动 APP，用户不仅可以通过“试穿”选择适合自己的设计，还可通过相关的工具对品牌设计风格的照片进行编辑，将其转发到 Instagram、Facebook、Twitter 等社交网站，分享自己的独特创意。

由上可见，针对线上营销，零售企业可将符合品牌文化的元素、生活元素等融入营销内容之中，进而增进与消费者的密切联系，为消费者提供销售之外的品牌体验。

单纯的卖产品或者卖服务难以向消费者提供全渠道购物体验，还须发展并升级会员体系，增加消费者黏性与忠诚度。传统的会员体系主要以“购物积分”为主，而步入新时期后，零售商需对此突破创新，加入生活元素、品牌文化元素，并让消费者参与互动，进而增进与消费者的情感。

近几年，移动互联网新技术层出不穷，如 iBeacon 等近场通信技术，或者智能手表等可穿戴设备，都极大地为品牌营销创新提供了机遇，促进了品牌与消费者之间进行互动与交流。对此，零售品牌应加强移动端内容设计，开设专门的移动端 APP，借此加深与用户的交流互动，并及时、准确地获取消费者数据，为消费者打造更深层次的消费体验。

世界知名的食品和药品零售品牌——Walgreens（沃尔格林），其营销会员管理堪称业界典范，值得企业零售品牌借鉴学习。

沃尔格林不仅自主研发相关的移动端 APP，并针对消费者的生活方式制定积分体系，用户若可以完成自行设定的健康目标，如健康饮食目标、戒烟目标、健身目标等，抑或在社交媒体发布品牌咨询、健康信息，均可获取积分。为准确地记录积分情况，沃尔格林不断创新或引进新技术，充分将移动APP与可穿戴设备相结合，由此实时记录积分情况，帮助品牌获取消费者数据。

在移动互联网时代大背景下，消费者掌握购物信息的平台变得越来越多，如社交媒体、用户评价等，促使购买决策也更加明智，原有的以实体店体验促成购买也日渐向消费者自主选购转型。这就意味着，消费者可以随时随地获取购物信息，不再局限于实体店体验，新一代消费者将更加精明，购物也更加自主。

此外，在整个购物流程中，消费者的自主权力也越来越突出，无论通过何种渠道、在购买流程的哪一环节，消费者都可以依据自身实际需求自由选择。而随着市场经济的全球化发展，以及信息技术与物流技术的不断完善，可提供消费者选择的购物方式也日益增多，那些被选中的购物形式无疑是最优惠、最方便或者最舒适的，例如，网络比价、门店试穿、送货到家等，由此可见，全渠道整合已是十分必要。

技术是时代进步的驱动力，在数字化技术不断发展与完善的当下，技术力量推动服装零售业不断向全渠道进军，“消费者为王”的新零售时代已经到来。尽管，宏观环境日新月异，零售市场变幻莫测，若零售业能够以数字化技术为核心，相信在不久的将来，全方位贴近需求、融合生活的极致体验会如期带给消费者。

◎ 数字标牌：打造个性化零售实体店

随着科技的发展，在报纸、广播、电视、杂志、互联网、手机、户外广告等媒体之外，产生了一个新的媒体概念——数字标牌。在国外，数字标牌有“第五媒体”之称，与报纸、电视、广播、互联网的地位等同。具体来说，数字标牌指的就是在户外人流量较多的公众场所，如大型超市、酒店、商场等，通过大屏幕终端发布一些信息的多媒体视听系统。其目的主要是在特定的时间、特定的场所向特定的人群传播信息，以扩大产品、品牌或企业的影响力，促进销售，获取广告效应。

在互联网时代，信息化、数字化、移动化、网络化等特征越发明显。在这样的背景下，数字标牌的市场潜力不可估量。在众多的应用市场中，零售业理所当然地应拔得头筹。随着互联网的推广应用，我国的零售业格局有了很大改变，电商异军突起，传统的实体店要想与之较量，必须走数字化道路。在这样的情况下，数字化工具的代表——数字标牌自然就成了实体零售店铺数字化的第一选择。

数字标牌最初的作用和其他所有媒体一样，只能单纯地传播信息。这样一来，数字标牌所产生的广告效应就需要很长一段时间才能显现出来，众多用户没有耐心和时间去等待，使得用户的使用热情大为减弱。

而今，随着以互动技术为代表的各种新技术的出现及应用，数字标牌的功能愈加多样化。首先，数字标牌一改以往单一的传递信息的功能，使信息传递变得更加立体化，激发了消费者的购物热情，提升了消费者的购物体验，例如，实体零售店铺能够借助数字标牌建立线上与线下流通的渠道，将线上顾客转化为线下购买力。其次，借助数字标牌中的分析工具，还能对消费者的消费偏好进行分析，帮助企业有针对性地开展营销。

目前，对于实体零售店铺来说，数字标牌已经成了不可或缺的信息传播工具。但是，很多店铺仅发现了数字标牌最表面的功能，没有对其价值进行深入挖掘，使得数字标牌的功能没有最大限度地发挥出来。

相关店铺在利用数字标牌扩展市场方面优劣并存。优势在于：数字标牌多样化的功能为店铺创新营销模式提供了诸多机会。劣势在于：店铺对数字标牌的功能认识不深入，立体化应用意识淡薄。店铺要想将消费者从线上引流到线下，就必须做好引导工作，而对员工的引导训练需要消耗较大的成本。

◆ 营造良好的购物氛围，提升顾客品牌归属感

在实体店铺数字化的进程中，数字标牌能为零售店铺带来的第一大好处就是：能为消费者提供网购般便捷的购物体验，增强了对消费者的吸引力。

随着电商的崛起，消费者的购物体验已经在潜移默化中改变了。据调查，32%的消费者认为，他们通过网购能够快速搜索到想要的商品；17%的消费者表示在网购的过程中他们的购物行为会受他人评价的影响。因此，对于实体零售店铺来说，要想增强对顾客的吸引力，就必须借助数字标牌改变消费者的这种购物习惯，为消费者带来全新的购物体验。

实体零售店铺使用数字标牌能对商品信息进行统一管理，在这样的情况下，消费者不用在各个店铺间奔走就能获取商品的基本信息，如商品价格、折扣等，给消费者选购商品带来了极大的便利。

并且，借助数字标牌，店铺经营者还能和消费者进行沟通和交流，消费者能将自己对商品、店铺的意见反馈给店铺经营者，这些反馈信息会在数字标牌中集中显示出来。通过这样的方式，实体零售店铺能够对这些信息进行搜集，以这些信息为依据对店铺进行整改，以提升消费者的购物体验。同时，消费者也可以通过这些反馈信息对店铺、对商品有更全面的了解，帮助消费者更快地做出购物决策。

通过这种方式，实体零售店铺有效地实现了诚信经营，为消费者带来了更加人性化的服务，提升了消费者对品牌的归属感。

◆ 完善互动技术，提升零售店消费趣味性

实体零售店铺使用数字标牌，不仅可以满足消费者网络化的消费习惯，还能借助日益成熟的互动技术营造一种有趣的购物氛围，刺激消费者的购物欲望。

例如，一些服装零售店铺，可以使用数字标牌模拟一个试衣间，通

过这个模拟试衣间消费者能够非常愉快地体验试穿衣服的乐趣。再比如，一些玩具零售店铺，可以借助数字标牌的手势互动、人脸识别等功能，打造一些有趣的游戏，将产品融入这些游戏之中，以带给消费者愉快的购物体验，吸引潜在的消费者，从而扩大营销范围。

在这个产品过剩时代，消费者在选购商品的过程中，商品质量是一项考核标准，店铺服务也是一项考核标准。因此，实体零售店铺借助数字标牌，营造一个轻松、愉快、充满情怀的环境，对吸引消费者、留住消费者都有积极的作用。

◆ 布置灵活，打破店面经营范围局限性

数字标牌的应用场所非常灵活，既可以安装在店内，也可以根据需要将其安装在人流量密集的场所来进行产品、店铺营销，在提升营销效果的同时还能满足消费者随时随地购物的需求，带给消费者全新的购物体验。

例如，店铺将数字标牌安装在某个商场的大厅中，利用人脸识别功能，数字标牌能对路人进行面部识别，分析其性别、年龄等信息，有针对性地播放广告，开展产品营销。如果消费者对数字标牌显示出来的某个商品感兴趣，就可以触摸选购，决定购买之后就可以手机支付，之后可以自由地选择货物的配送方式——送货上门或者到店取货。

通过上述方式，实体零售店铺的经营范围明显扩大了，并且这种新奇的购物体验还能吸引诸多消费者，在不扩大店铺、不增加经营成本的条件下能大幅提升销量，切实提升实体店铺的销售业绩。

参考文献

[1] 汪旭晖. 中国零售服务业成长与创新：理论与实证 [M]. 北京：北京师范大学出版社，2013.

[2] 李飞，王高. 中国零售管理创新 [M]. 北京：经济科学出版社，2007.

[3] 颜艳春. 第三次零售革命：拥抱消费者主权时代 [M]. 北京：机械工业出版社，2014.

[4] 迈克尔·利维，巴顿·韦茨. 零售管理 [M]. 北京：人民邮电出版社，2016.

[5] 李建峰. 消费者行为分析 [M]. 北京：中国财政经济出版社，2010.

[6] 菲利普·科特勒，凯文·莱恩·凯勒. 零售的本质 [M]. 北京：中国人民大学出版社，2012.

[7] 丁兆领. 新实体店盈利密码：电商时代下的零售突围 [M]. 北京：经济管理出版社，2015.

[8] 迈克尔·利维，巴顿·韦茨，俞利军. 零售管理 [M]. 北京：人民邮电出版社，2016.

[9] 何毅明. 零售革命：重新定义零售新模式 [M]. 北京：人民邮电出版社，2016.

[10] 王晓峰，张永强，吴笑一. 零售4.0时代 [M]. 北京：中信出版社，2015：64－78.

［11］张波. O2O：移动互联网时代的商业革命［M］. 北京：机械工业出版社，2013.

［12］陈威如，余卓轩. 正在席卷全球的商业模式革命［M］. 北京：中信出版社，2013：35－41.

［13］赵国栋，易欢欢，糜万军，鄂维南. 大数据时代的历史机遇：产业变革与数字科学［M］. 北京：清华大学出版社，2013.

［14］王先庆，武亮. 现代服务业集聚研究：边界测量及效应机制［M］. 北京：经济管理出版社，2013.

［15］王先庆，李征坤，刘芳栋，张靖军. 互联网＋物流［M］. 北京：人民邮电出版社，2015.

［16］王先庆. 渠道控制权［M］. 北京：中国人民大学出版社，2014.

［17］刘向东，黄雨婷，李浩澜. 中国零售企业竞争优势的构建路径［J］. 中国流通经济，2016（8）：56－65.

［18］刘石兰，郝斌. 消费者创新性对新产品创新性行为的权变影响［J］. 科学学研究，2012（2）：312－320.

［19］石明明. 消费者异质性、搜寻与零售业态均衡［J］. 财贸经济，2013（11）：107－116.

［20］丁宁. 消费者对城市商业集聚形态的选择及其影响因素［J］. 财贸研究，2015（2）：79－84.

［21］蒋亚萍，任晓韵. 从"零售之轮"理论看新零售的产生动因及发展策略［J］. 经济论坛，2017（1）：99－101.

［22］陶勐. 互联网时代我国实体零售企业发展对策研究［D］. 上海：华东师范大学，2015.

［23］中国流通三十人论坛秘书处. 从阿里与百联"联姻"看"新零售"［J］. 中国流通经济，2017（3）：124－128.

［24］孙冰. 阿里巴巴联手"零售老大"百联打造新零售"样本"天

猫：重构人货场剑指新零售［J］. 中国经济周刊，2017（8）：44－47.

［25］郭馨梅，施珊珊. 电商渠道与实体零售渠道融合发展的主要模式与对策［J］. 商业经济研究，2017（4）：13－16.

［26］廖友亮，彭雷清，王先庆. 消费者低碳消费意愿影响因素实证研究［J］. 商业经济研究，2016（7）：32－33.

［27］武亮，王先庆. 商业集聚和购买动机对消费者行为的影响机制——基于心理场的理论阐释［J］. 商业经济研究，2016（6）：38－40.

［28］毛应，王先庆. 电子商务背景下传统商贸业转型升级路径分析［J］. 知识经济，2015（16）：78.

［29］李飞. 全渠道营销理论——三论迎接中国多渠道零售革命风暴［J］. 北京工商大学学报（社会科学版），2014（3）：1－12.

［30］吴忠，唐敏. 全渠道视角下消费者渠道利用行为研究［J］. 商业研究，2015（2）：152－160.

［31］王云玺. 电商时代的零售业转型：O2O 模式与全渠道竞争［J］. 上海商学院学报，2014（6）：1－5.